链接力

郭占斌　杨翼龙◎著

中国商业出版社

图书在版编目（CIP）数据

链接力 / 郭占斌，杨翼龙著. -- 北京 : 中国商业出版社，2025. 1. -- ISBN 978-7-5208-3279-3

Ⅰ. F014.9

中国国家版本馆CIP数据核字第2024ZZ6332号

责任编辑：滕　耘

中国商业出版社出版发行

（www.zgsycb.com 100053　北京广安门内报国寺1号）

总编室：010-63180647　编辑室：010-83118925

发行部：010-83120835/8286

新华书店经销

三河市中晟雅豪印务有限公司印刷

*

710毫米×1000毫米　16开　14印张　140千字

2025年1月第1版　2025年1月第1次印刷

定价：99.00元

* * * *

（如有印装质量问题可更换）

序

▼

链接的力量

链接，无处不在；链接，无时不在。

在浩瀚的宇宙时空，在绵延的历史长河，存在一种神秘而无形的力量，它悄然地影响着我们的世界，推动着人类社会的进步和发展。这种关系，我们称作“链接”；这种力量，我们称为“链接力”。

从宇宙的角度来看，链接力表现为万物之间的相互联系和相互影响。在广袤无垠的宇宙中，每一个星体、每一个粒子都在与其他万物形成着千丝万缕的联系，共同构建着宇宙的和谐与秩序。这种宇宙链接力不仅存在于宏观层面，也深入微观世界的每一个角落。

在人类社会中，链接力则表现为人与人之间的相互关联和相互依赖。无论是家庭、朋友、同事还是陌生人，人们都通过各种方式与他人建立联系，形成复杂而庞大的社交网络。这种链接力不仅促进了信息的流通和知识的共享，也推动了文化的传承和创新。

∝ 链接力 ∞

远古时代，链接力开始发挥作用。人们通过语言、手势和简单的工具，建立起初步的社交关系。这种关系不仅帮助人们更好地协作狩猎、采集食物，还促进了知识和技能的传播。这种链接力的形成，为人类的生存和发展奠定了坚实的基础。

随着农耕文明的出现，链接力得到了进一步的加强。村落与村落之间开始形成更紧密的联系，进而形成了部落和国家。农耕时代，人与人的连接产生的力量，让人力有足够的能力在条件相对较好的地区建立古文明。这种链接力不仅促进了经济的繁荣和文化的交流，还推动了科技的发展和社会的进步。

进入工业文明时代，链接力的作用更加显著。蒸汽机、电气和信息技术的发展，使得人与人、人与物之间的联系更加紧密。这种链接力不仅推动了生产力的飞速发展，还促进了全球化的进程。

随着科技的发展，数字链接逐渐成为现代社会的重要特征。互联网、物联网、大数据等技术手段将世界各地的人们紧密地联系在一起，使信息的传递和交流变得更加迅速与便捷。这种数字链接力不仅改变了人们的生活方式，也深刻地影响了经济、政治、文化等各个领域的发展。

在全球经济发展新趋势的推动下，链群经济正逐渐成为引领未来经济增长的重要力量。随着数字化、网络化、智能化的深入发展，全球产业链、供应链、价值链正在发生深刻变革。链群经济以其独特的链接力，将不同产业、不同领域、不同地域的资源和要素紧密连接在一起，形成高效协同的创新生态系统和新动力。

统一大市场的概念，则进一步体现了链接力在经济发展中的作用——打破地域和行业的壁垒，促进市场的公平竞争和资源的自由流动，为经济发展提供强大的动力。

由此可见，链接力是一种神秘而无形的力量，它贯穿自然界和人类社会发展的不同阶段和方方面面。随着链接力的不断升级和发展，我们有理由相信，人类社会的发展将会迎来更加美好的未来。

2024年6月2日

前　言

▼

链接力是一个多维度、跨领域的概念，它涵盖了从宇宙天体的万有引力到人与人之间的吸引力，再到量子力学中的量子纠缠，以及互联网的超链接和产业的融合力，并最终演化为一种新的经济形式——链群经济。

宇宙天体的万有引力是链接力在自然界中的基本表现。这种力量使得天体之间形成稳定的运行关系，维持着宇宙的秩序。万有引力不仅是天体运动的驱动力，也是宇宙结构形成的关键因素。

人与人之间的吸引力体现了链接力在社交领域的作用。这种吸引力基于共同兴趣、价值观或目标，使人们愿意相互接近、建立联系。人与人之间的链接力不仅促进了信息的传播和交流，也推动了合作和创新的发展。

在量子力学领域，量子纠缠展示了链接力在微观世界的奇妙现象。即使两个粒子相隔甚远，它们的状态也会相互影响，这种非局域性的关联是链接力在微观尺度的体现。

∝ 链接力 ∞

互联网的超链接是链接力在信息时代的重要表现形式。通过超链接，网页之间形成了错综复杂的信息网络，用户可以方便地获取、分享和创造信息。互联网的链接力不仅改变了信息传播的方式，也重塑了人们的生活方式和思维模式。

在产业领域，链接力表现为不同产业之间的关联和互动。随着技术的不断进步和市场的日益开放，产业之间的界限变得越来越模糊，跨界合作和创新成为常态。这种产业链接力推动了产业链的整合和优化，提高了资源的配置效率。

数字技术为链接力的提升提供了强大的支持。通过大数据、云计算、人工智能等技术手段，可以更精确地分析用户的需求和行为，建立更紧密的联系和互动。数字技术不仅优化了用户体验，也为企业创造了更多的商业机会和价值。

链群经济是链接力在经济发展中的新形态。它强调通过链接力将不同的产业、企业、组织和个体连接形成一个紧密的群体，实现资源共享、价值共创和协同发展。链群经济不仅提高了经济的整体效率和竞争力，也促进了社会的可持续发展。

本书共分五章，详细阐释了链接、链接力及链群经济的深刻内涵。

第一章，核心链接力。宇宙最神秘的法则就是吸引力法则。宇宙天体之间不断运动平衡，就是因为它们之间有一种最强的力量：万有引力。宇宙如此，万事万物如此，人和人之间亦如此。链接力是未来每个人、每个企业最核心的竞争力。

第二章，超级链接力。互联网的诞生是人类链接力的巨大飞跃，带来了社会的变革和巨大进步。互联网的最大功能就是链接功能，从刚开始的内容链接到之后的社交链接、商品链接，随着移动互联网的出现，使得链接无处不在，形成了移动互联、万物互联。

第三章，产业链接力。技术的进步降低了运输和信息沟通成本，专业化分工日益细化，产业链成为效率提高和经济繁荣的重要载体。

第四章，数字链接力。以人工智能、大数据、云计算、区块链等为代表的数字技术加速与实体经济融合，产生了强大的数字链接力，形成了数字经济。数字经济是一种快速经济，通过网络化的平台，克服了时间和空间的限制，直接使信息传递和经济活动快速推进。它是继农业经济、工业经济之后的主要经济形态，是以数据资源为关键要素，以现代信息网络为主要载体，以信息通信技术融合应用、全要素数字化转型为重要推动力，促进公平与效率更加统一的新经济形态。

第五章，链群经济体。新形势下应发挥好规模经济优势对我国经济发展的重要作用，而链群经济体能更好地构建规模经济，突围行业壁垒。链群经济体的三大核心工具就是数字经济、人工智能、元宇宙。面对复杂的国际局势，通过高效的链接力，建立全国统一大市场，实现各个行业和产业的建链、延链、补链、强链，处理各行业和各产业的痛点、堵点、难点、弱点，从而实现以国内大循环为主体、国内国际双循环相互促进的新发展格局。

希望本书能够抛砖引玉，吸引更多人投身于链接力的研究和实践中，推动社会的全面高质量发展。

目　录

▼

第二章　超级链接力

第三章　产业链接力

第四章　数字链接力

∝ 第一章 ∞

核心链接力

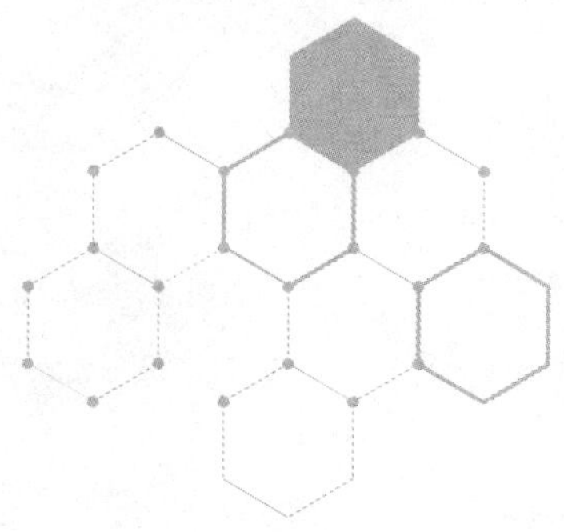

在广袤无垠的宇宙中，存在着一种神秘而强大的力量，人们称之为“宇宙的链接力”。它如同一张无形的网，将宇宙中的每一个星系、星体，甚至是每一个微小的粒子紧密相连，共同演绎着宇宙的壮丽与神秘。宇宙在物理意义上被定义为所有的空间和时间（统称为时空）及其内涵，包括各种形式的能量，如反物质、普通物质、暗物质、暗能量等。这些天体、物质、能量之间相互连接、相互影响，形成了宇宙的链接力。

一、宇宙链接力

宇宙的链接力是指宇宙中各种物体之间通过某种方式相互连接、相互影响的力量。这种力量既可以是引力、电磁力等自然界的基本力，也可以是更为复杂、深奥的相互作用。它无处不在，无时无刻不在发挥作用，是宇宙保持有序运转的关键因素。

宇宙的链接力具有多种特性。首先，它具有普遍性，无论是宏观的星系、星体，还是微观的质子、电子，都受到这种力量的影响。其次，它具有动态性，随着宇宙的不断演化，链接力的表现形式也会发生变化。最后，它具有复杂性，因为宇宙中存在着多种不同的力，它们之间相互交织、相互影响，形成了复杂而精妙的链接关系。

1. 万有引力，天体万物之间的链接

宇宙的链接力在宇宙中以各种形式表现出来。最常见的表现形式之一便是引力。宇宙万物之间能够相对运动，并保持平衡，古代人类认为天体之间有一种“神之引力”。直到17世纪，牛顿在苹果树下思考，被苹果砸中后受到启发，提出了宇宙天体运行

的奥秘——万有引力定律。他发现地球绕着太阳旋转的运动是由于地球和太阳之间有引力，这个引力的大小取决于这两个物体的质量和它们之间的距离。如果地球离太阳越远，引力就会减弱；如果地球离太阳越近，引力就会增强。

万有引力，即任意两个物体或两个粒子间的距离与其质量乘积相关的吸引力，是自然界中最普遍的力，简称引力。牛顿的万有引力定律告诉我们，任何两个物体之间都存在着引力，这种引力的大小与两个物体的质量成正比，与它们之间的距离的平方成反比。正是这种引力，使得行星围绕恒星运转，恒星聚集成星系，星系又组成更大规模的宇宙结构。

牛顿的猜想：地球与太阳之间的引力和地球对周围物体的引力可能是同一种力，遵循相同的规律。

∝ 链接力 ∞

猜想的依据：①行星与太阳之间的引力使行星不能飞离太阳，物体与地球之间的引力使物体不能离开地球；②在离地面很高的距离里，都不会发现重力有明显的减弱，那么这个力必然延伸到很远的地方。

检验的思想：如果猜想正确，月球在轨道上运动的向心加速度与地面重力加速度的比值，应该等于地球半径的平方与月球轨道半径的平方之比，即 $\frac{1}{3600}$。

检验的结果：地面物体所受地球的引力，与月球所受地球的引力是同一种力。

万有引力定律揭示了天体运动的规律，在天文学上和宇宙航行计算方面有着广泛的应用。它为实际的天文观测提供了一套计算方法，可以只凭借少数观测资料，就能计算出长周期运行的天体运动轨道，科学史上哈雷彗星、海王星、冥王星的发现，都是应用万有引力定律取得重大成就的例子。利用万有引力公式，开普勒第三定律等还可以计算太阳、地球等无法直接测量的天体的质量。牛顿还解释了月亮和太阳的万有引力引起的潮汐现象。他依据万有引力定律和其他力学定律，对地球两极呈扁平形状的原因和地轴复杂的运动，也成功地作了说明。

万有引力定律的发现，是17世纪自然科学最伟大的成果之一。它把地面上物体运动的规律和天体运动的规律统一了起来，对以后物理学和天文学的发展具有深远的影响。它第一次解释了所有物体之间都存在的一种相互作用力（万有引力是自然界中四种相互作用力之一）的规律，在人类认识自然的历史上树立了一座里程碑。

2. 量子纠缠，超越时空的奇妙链接

除了引力之外，电磁力也是宇宙链接力的重要表现形式。电磁力是自然界中的基本力之一，它通过电荷之间的相互作用来实现。无论是地球上的生物活动，还是宇宙中的星际尘埃运动，都离不开电磁力的作用。此外，还有一些更为复杂、深奥的链接力表现形式，如弱相互作用力和强相互作用力等。这些力量在微观世界中发挥着重要作用，是维持原子核稳定、实现核能释放等过

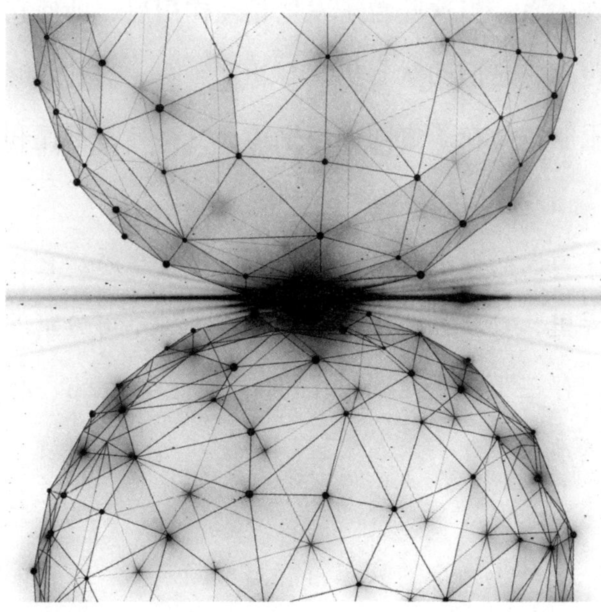

程的关键因素。

作为自然界的基本力之一，万有引力是物质间普遍存在的链接力。它使得天体之间形成了稳定的链接关系，维持了宇宙的秩序。无论是地球绕太阳旋转，还是月球绕地球旋转，都是万有引力作为链接力在发挥作用。这种链接力不仅体现在宏观的天体之间，也存在于微观的粒子之间，它是构成宇宙万物相互关联的基础。

在微观世界的深处，隐藏着一种令人惊奇的现象——量子纠缠。量子力学是最令人着迷又最令人困惑的领域之一。其中，量子纠缠现象更是让人感到神秘莫测。它似乎超越了时空的限制，让信息跨越遥远的距离，实现了某种神秘的沟通和联系。

量子纠缠是量子力学中的一个核心概念，描述了两个或多个粒子之间的一种特殊关系。当这些粒子发生相互作用后，即使它们被分隔到遥远的距离，它们的状态仍然会相互影响。这种纠缠关系超越了时空的限制，使粒子之间的信息传递变得异常迅速和高效。

量子纠缠的存在为人们揭示了宇宙间的一种神秘联系。它告诉人们，在微观世界里，物质和能量之间存在着一种不可分割的纽带。这种纽带不仅存在于粒子之间，还可能贯穿整个宇宙，将各个角落的物体紧密地联系在一起。要理解量子纠缠，就必须了解量子力学中的一个重要概念——叠加态。简单来说，叠加态是指在某些情况下，一个量子系统的状态可能是不确定的，存在多种可能性。这些可能性会以不同的概率发生，而一旦观测或测量这个系统，它就会“坍缩”到一个确定的状态。而量子纠缠就是两个或多个量子系统之间，存在一种特殊的叠加态。这种叠加态无法分解为各个系统的独立态，它们之间存在着紧密的关联。无论相隔多远，只要对其中一个量子系统进行测量，另一个系统的状态就会立即发生相应变化。

量子纠缠的神奇特性主要表现为以下几个方面。一是非局域性。量子纠缠超越了时空的限制，让两个或多个量子系统之间实现了远距离的即时联系。这一特性让爱因斯坦感到困惑，他曾将其称为“鬼魅般的远距作用”。二是瞬时性。由于量子纠缠的超距作用，一旦一个纠缠粒子的状态发生变化，另一个纠缠粒子的状态也会立即发生相应变化。这种变化过程几乎不需要时间延迟，是瞬时完成的。三是隐变量。量子纠缠的背后可能隐藏着某些尚未被发现的隐变量，这些隐变量决定了纠缠粒子的状态及其关联性。发掘这些隐变量有助于人们更深入地理解量子纠缠的原理。

虽然到目前为止，科学家也未能完全弄明白量子力学，但不可否认的是，量子力学的确是一门非常严谨、非常精确的科学，它早已成为现代物理学大厦的基石之一，彻底统治了微观世界，主要研究范围包括分子、原子、凝聚态物质，以及基本粒子的结构性质等。爱因斯坦等人认为量子力学是不完备的，一定有某种隐变量还没有被发现。让爱因斯坦更难以接受的还有量子纠缠现象，由于量子纠缠看起来是瞬时完成的，速度远超光速，这与他提出的这个世界是定域的理念相悖。

这里最大的问题就是，这种神秘的方式到底是什么？也就是爱因斯坦眼里的“超距作用”到底是如何发生的？它给人的感觉，好像量子纠缠能完全“无视”现有的大自然法则，甚至看起来完全超过了光速。

当两个或多个粒子发生作用后，就会发生纠缠，也就是量子纠缠。因为这两个纠缠的粒子的运动方向是相反的，受到的合力为零，自旋方向也是相反的。至于两者谁的自旋向上、谁的向下，只有通过观测才知道。这也是哥本哈根学派的诠释，认为纠缠中的粒子的自旋方式是不确定的，这也是不确定性原理的直接体现。也就是说，在被观测之前，纠缠中的粒子的自旋方向其实是处于某种“叠加态”，也就是自旋方式同时处于“向上和向下”的叠加状态。

其实量子纠缠的核心之处就在于，它能够无视距离。假设将一个粒子放在冥王星上面，另一个粒子放在地球上，按照量子纠缠的理论，只要影响地球上的粒子，那么冥王星上面的粒子也会受到影响，而这个影响的速度是瞬间完成的，这已经不单单是超越光速这么简单了。如果人类真的能够实现量子纠缠技术，那么探索宇宙的奥秘就简单多了。比如，如果能够将其中一个粒子放在黑洞中，另一个粒子放在地球上，那么通过观测地球上的粒子，就能够观测黑洞中粒子的状态，进而判断出黑洞的内部结构。目前，科学家已经证实了量子纠缠是存在的。2022年诺贝尔物理学奖颁发给了法国科学家阿兰·阿斯佩、美国科学家约翰·弗朗西斯·克劳泽和奥地利科学家安东·塞林格，以表彰他们通过光子纠缠实验，确定贝尔不等式在量子世界中不成立，以及他们在开创量子信息科学方面所作出的贡献。

量子纠缠这种超远距离、超光速链接的原理和本质仍需进一步探索和研究。随着物理学的发展，物理学家发现引力与量子力学的结合是深化对宇宙本质的一个关键。历史上，爱因斯坦创立的广义相对论是描述引力作用的优秀理论，但仍未能与量子力学结合。因此，理论物理学家长期以来寻求将两者综合的方法，最终的目标是建立一种量子引力理论。随着技术的不断进步和理论的不断完善，有理由相信，量子纠缠将在不远的将来为人类打开一扇全新的科技之门，带来革命性的突破和创新。

3. 量子技术，深空链接的未来之路

近年来，学术界对量子引力理论的研究有了新的进展。一般认为，无论是宏观物体的引力还是微观量子的引力，其本质都是空间变化的结果，物体空间形态的变化是引力形成的原因。宏观物体的引力也是微观量子作用的宏观表现。

量子纠缠现象虽然神秘，但它在实际应用中却具有巨大的潜力。例如量子通信，利用量子纠缠的超距作用，可以实现绝对

安全的通信。通过对纠缠粒子进行操作，可以实现信息加密和解密，保证信息传输的安全性。

在宇宙空间中，深空导航是一项精确测量和控制飞行器的位置与速度的过程，其目的在于确保航行的安全性和稳定性。在深空导航领域中，量子测量和量子传感是两个至关重要的技术，它们具有潜在的显著影响，可以提高测量精度，并感知微小引力变化。

在进行深空导航时，精确测量飞行器的位置和速度是至关重要的，因为这些数据直接影响导航决策和轨道调整的准确性。在传统的测量技术中，射频和光学方法的应用受到了精度限制和

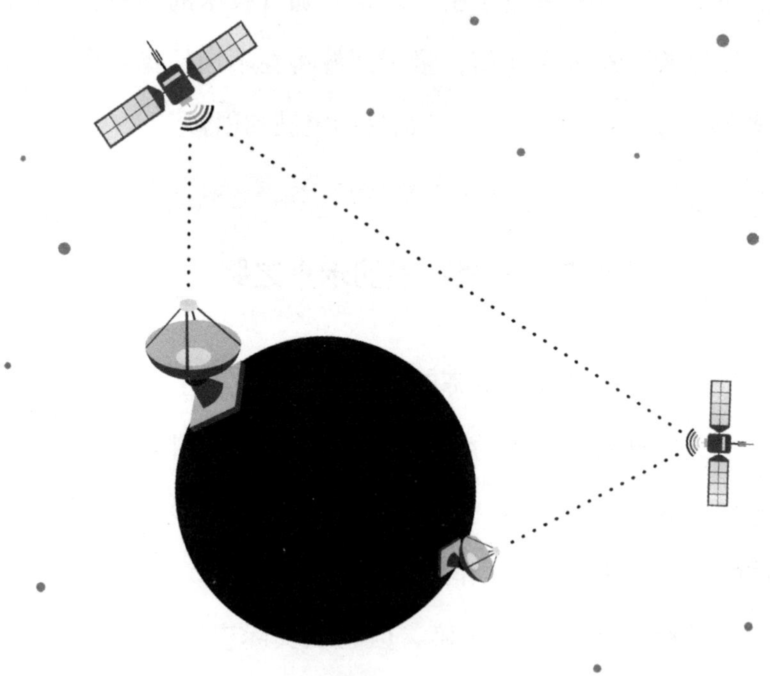

信号时滞的制约，从而限制了其应用的范围。相对于传统技术而言，量子测量利用了超导量子干涉和量子纠缠等量子态的特性，从而实现了远超传统技术的高精度测量。

在深空导航领域，通过将多个粒子相互缠绕，可以实现它们之间的高度相关性，从而达到优化粒子结构的目的。通过利用这种纠缠性质，可以实现微小的位置和速度变化的测量，从而提高导航的精度。在深空探测任务中，引导引力是一项至关重要的挑战，尤其是在接近高质量天体的情况下。

在深邃的宇宙中，微小的重力环境变化都会对导航任务带来挑战。利用量子传感技术，能够更加敏锐地探测引力波，可以探测微小的引力变化，从而确保飞行器在引力场中保持高精度轨迹，这一技术对于研究宇宙中引力事件具有至关重要的意义。在深空导航领域，这些技术能够协助测量和了解星球或其他天体的引力场，从而提高轨道计算和调整的准确性。

深空导航任务的成功在于建立高效的通信系统，然而传统通信系统在深空环境中所面临的挑战包括信号衰减、延迟和干扰等多个方面。此外，在涉及敏感信息的任务中，确保安全性也是至关重要的。目前，量子通信技术的应用为该领域带来了巨大的突破和创新。

总之，量子测量和量子传感技术为深空导航带来了更多的可能性，为其未来的发展奠定了坚实的基础。这些技术的测量精度超越了传统方法，从而显著提高了任务的成功率，并在引力引导等关键领域扮演着至关重要的角色。随着量子技术的日益精进，可以期待它们在深入探索宇宙的过程中扮演着越来越重要的角色，推动人类更加深入地探索宇宙的奥秘。

4. 基因链，串联生物体的时间链接

宇宙万物能够传承，进行跨越时间的链接，基因链起着至关重要的作用。在生命的舞台上，时间是一个不可或缺的角色。时间是一个抽象概念，用来描述事件发生的顺序和间隔。在物理学中，时间是宇宙的一个维度，与空间一起构成了时空的基本结构。在生物学和进化论中，时间是一个关键因素，因为它允许生物体经历遗传变异和自然选择，从而推动物种的进化。

基因链和时间的链接关系是一个复杂而引人入胜的话题，它涉及生物学、遗传学、进化论以及时间本身的本质。

每当细胞分裂的“节目”上演时，基因链便迎来了它的复制时刻。这个过程绝非简单的复制粘贴，而是一场高度协调的“分子舞蹈”。DNA的双螺旋结构优雅地解开，每条单链都如同一位导演，指导着新的互补链的合成。结果是，两个全新的DNA分子诞生了，它们与原来的分子如出一辙。令人惊奇的是，基因复制拥有一套近乎完美的校正机制，它不断地检查、修正，以确保遗传信息的准确性。这种准确性对于生命的延续至关重要，它保证了生物体的基本特征在代际传递时不会丢失或扭曲。在时间的推

移中，基因链的变异和重组逐渐积累，这些变化受到自然选择的作用，最终促使物种的进化。

基因链通常是指DNA分子中的序列，这些序列编码了生物体的遗传信息。它不仅仅是一段化学物质，更是生物体内遗传信息的坚固载体和守护者。它隐匿于每个细胞核中，像是一本详尽的史册，记录着物种从诞生到演化的每一个遗传足迹。这些遗传特征赋予了生物个体无可替代的独特性，正如世界上没有两片完全相同的叶子一样，每个生物体都是大自然的独家定制。它们的生长轨迹、发育过程以及与环境互动的方式，都在很大程度上由这些遗传特征决定。基因链的构造之精妙令人叹为观止。它由四种核苷酸——腺嘌呤、胸腺嘧啶、鸟嘌呤和胞嘧啶——编织而成。这些基因链上的信息通过RNA和蛋白质的合成过程被转录与翻译，最终指导生物体的生长、发育和功能。这四种核苷酸按照特定的序列排列，形成了一部生命的“密码本”。这个顺序不是随机的，而是经过亿万年自然选择的精雕细琢，它承载着构建和维持生物体必需的所有指令。

基因链在生命的繁衍中扮演的角色远不止于此。它还是生物进化和多样性的源头活水。生物体的基因链编码了生物钟（或称为昼夜节律）的机制，这是一种内在的时间感知系统，使生物能够适应地球的自转和季节变化。同时，基因链上的某些基因与生物体的衰老过程密切相关。这些基因的表达模式随着时间的推移而改变，导致生物体逐渐衰老。在生物体的发育过程中，基因按照特定的时间和顺序表达，从而“指导”胚胎从一个单细胞发育成一个复杂的生物体。通过自然选择这一“无形的手”，以及基因突变这一随机的创造力，基因链在时间的洪流中不断被塑造和重塑。它记录着物种适应环境、与环境共舞的每一个步伐，是生物体不断进化的见证者和参与者。从这个角度看，基因链不仅是生命的基石，也是生命故事的编织者。它串联起了生物体的过去、现在和未来，让人们得以一窥生命的奥秘和壮美。在这个由基因编织的生命世界中，每一个生物体都是一部独特的史诗，而基因链则是书写这部史诗的神奇之笔。

时间对基因链的三大影响是基因突变、遗传漂变和基因流。这些过程在生物演化和种群遗传学中起着至关重要的作用。

基因突变是基因序列中的随机变化，可以发生在DNA复制过程中的任何时间点。这些变化可能是由于环境因素（如辐射、化学物质）或细胞内复制机制的错误引起的。随着时间的积累，即使突变率相对较低，基因突变也会在种群中产生显著的变化。长期来看，这些累积的基因突变可能导致物种形成、适应性进化或遗传疾病的发生。基因突变是生物多样性的重要来源，也是自然选择和演化的基础。随着时间的推移，突变在种群中累积，可能导致新的表型出现。

遗传漂变是小的种群中由于随机事件导致的基因频率的变化。在一个小种群中，由于繁殖的随机性，某些基因可能会变得更为常见，而其他基因则可能变得稀少甚至消失。时间越长，遗传漂变的影响就越明显。在长时间尺度上，尤其是在种群数量波动或者经历瓶颈事件时，遗传漂变可能会消除种群中的某些等位基因，造成遗传多样性的丧失，甚至影响种群的生存能力。随着时间的推移，遗传漂变可以导致种群间显著的遗传差异，尤其是在没有大量基因流的情况下。

基因流是指个体或种群之间通过繁殖交换基因的过程，这可以包括迁移、杂交或种群间的其他形式的基因交换。随着时间推移，基因流有助于不同地理种群之间的基因混合，维持或增加种群内的遗传多样性，并能抵消遗传漂变和自然选择带来的局部适应。此外，持续的基因流也可能阻止种群分化并促进物种融合，因为它允许基因从一个种群传播至另一个种群。

总的来说，时间确实是基因链变化的关键因素。基因链上的信息在时间的推移下受到各种过程的影响，它们共同塑造了生物体的遗传多样性和演化轨迹。同时，基因链的变异和表达模式也受生物体生命周期、环境因素和生物体内在机制的调控，这些因素都与时间紧密相关。通过研究这些过程，科学家可以更好地理解生物多样性的起源、物种的适应性和种群动态，以及预测未来环境变化对生物演化的影响。

二、个人链接力

正是因为万有引力的作用，地球才能够在46亿年的时间里保持运转的状态。也正是因为万有引力的作用，太阳系乃至整个宇宙中数以亿计的星球，才能相安无事地停留在各自的轨道上安分地运行，这种能量引导着宇宙中的每一样事物。

人与人之间也有引力，这种引力的核心就是人们自己的本心，因为内心是人们最大的力量来源，也引导着人们的生活。链接力决定未来的竞争力。未来时代，链接会越来越深，链接的形式会越来越多样，倾向于以人作为介质。个体的能量之所以前所未有的强大，在于链接因为人而变得更加生动。当实现“链接一切”之后，所有人都可以相互链接。到最后，链接形成的一定是一个共享型生态体，这就是未来人类发展的目标。

1. 天人合一，心与天地连通的吸引力

从科学角度看，万有引力定律是一个经过实证检验并广泛应用于自然科学领域的定律。万有引力定律表明，在物理宇宙中，任何两个物体都会产生相互吸引的力，这个力的大小与它们的质

量和距离相关。人与人之间的吸引力则是一种心理学效应，它是指思想集中在某一领域的时候，会形成一种思想、情绪和信念之间的作用力。

有志者事竟成。人们所关注、相信并期待的东西最终会被“吸引”到现实中来。无论是强烈的渴望、坚定的信念，还是频繁重复的自我肯定，都能强化这种吸引力。同时，远离负面想法就如同增大心理上的“距离”，可以减少不利影响。强烈的情绪伴随特定的想法时，可以增强其吸引力。正面情绪如爱、快乐、信心等将带来积极的结果，而负面情绪则可能招致不希望看到的情形。

持积极信念的人通常更有可能采取促进目标实现的行动，从而使思维与现实之间的联系更为紧密。

吸引力所产生的链接力不仅是思维和现实之间的联系，也是人与宇宙的和谐共生。在明朝时期，儒家学派的思想已经与时代有些脱节，经济的发展、时代的进步，让王阳明勇敢地踏出了这一步，提出了“心学”。王阳明说过这样一句话：当心与天地连通，生命即发生质变。这其实就是王阳明“天人合一”的内涵。

“天人合一”是中国古代哲学核心理念之一，它深刻地揭示了人类与宇宙之间的紧密联系，以及人应当如何顺应自然规律，与自然和谐共处，从而达到天人合一的崇高境界。其中，“天”不仅仅指的是人们头顶上的那片蓝天，或是广袤无垠的宇宙，它更是一个涵盖了自然界所有事物和现象的总体概念。而“人”，则是指生活在宇宙之中，与自然万物息息相关的人类。“天人合一”的理念，就是要人们认识到人类与自然界的这种紧密联系，意识到人类并不是孤立存在的个体，而是宇宙大化流行中的一部分。

链接，是人与自然之间跨越界限的桥梁。它不仅仅是指物理上的连接，如空气、水、土壤等自然元素对人类生存的支撑，更是指精神层面的沟通与交融。人类通过感知、思考和行动，与自然界进行着不断的交流与互动。这种交流是双向的，人类从自然中汲取灵感与智慧，同时也将自己的情感与意志投射到自然之中。

链接的实现，需要人类具备一种开放与包容的心态。人类要愿意放下自己的偏见与固执，去真正地倾听自然的声音，感受自然的韵律。只有这样，才能真正地与自然建立起一种深厚的情感链接，实现心灵层面的共鸣与契合。链接力是顺应自然规律的。自然规律，是宇宙间万物运行所遵循的法则和节奏。这些规律，无论是物理学的定律，还是生物学的法则，都是宇宙秩序的体现。人类作为自然界的一部分，同样需要遵循这些规律。顺应自然规律，就是要尊重自然界的运行方式，不违背其固有的法则和节奏。这并不是说放弃对自然的改造和利用，而是要在改造和利用的过程中，保持对自然的敬畏之心，确保人的行为不会破坏自然的平衡和秩序。

链接力构建人与自然和谐共处。和谐共处，是一种理想的状态，它要求人在与自然界的互动中，保持一种平和、友善的态度。这不仅仅是一种外在的行为表现，更是一种内在的心灵境界。要达到这种境界，需要人们培养一种对自然的热爱和敬畏之情，学会欣赏自然的美丽和神奇，感受自然带来的恩赐和滋养。同时，需要学会倾听自然的声音，了解自然的需求，和自然融为一体。

在浩瀚的宇宙中，人类与自然界之间存在着一种难以言喻的紧密联系。这种联系不仅体现在物质层面的相互依存，更在精神层面达到了一种深刻的共鸣。而“链接与共生”，正是对这种紧密联系与和谐共处状态的生动描绘。天人合一的境界是一种高度的和谐状态，它要求人的心灵与宇宙的心灵相契合，人的行为与自然的节奏相协调。在这种境界中，人类不再将自己视为自然界的征服者或主宰者，而是将自己视为自然界的一分子，与万物同呼吸、共命运。人类的一言一行，都会体现出对自然的尊重和关爱；人类的一思一念，都会与自然界的运行相契合。在这种境界中，人类将会感受到一种前所未有的宁静和满足，因为人类已经找到了自己生命的根源和归宿。

通过加强人与自然的链接，可以更加深入地了解自然的运行规律与内在价值，从而更加科学地制定环境保护与可持续发展的政策与措施。而通过实现人与自然的共生，可以建立起一种更加和谐、稳定的人与自然关系，为人类的长期发展奠定坚实的基础。“天人合一”不仅仅是一个哲学理念，更是一种生活态度和人生追求。它要求人们在日常生活中，时刻保持对自然的敬畏之心和感恩之情；在改造和利用自然的过程中，始终遵循自然的法则和节奏；在与自然界的互动中，不断培养和谐共处的能力和智慧。只有这样，才能真正地达到天人链接，实现人类与宇宙之间的和谐共生。

2. 同频共振，人类璀璨的思想链接力

人与人很大的区别在于思想。不同的人产生链接时最重要的是思想的链接。思想链接力在人的链接过程中起着至关重要的作用。人的思想链接力主要是指人与人之间通过思想、观念、信息的交流和共享而形成的联系与影响的能力，它不仅体现于个体之间的直接交流，更反映在社会结构、文化演变及人类文明发展等宏观层面，是人类社会发展的重要推动力量。

思想链接力是指思想具有将不同个体、群体和文化连接在一起的能力。这种链接力源于思想所承载的价值观、信仰、理念等精神内涵，能够激发人们的共鸣和认同感，促使他们形成共同的行动目标和方向。这一概念强调的是人类思维互动的深度与广度，主要体现在以下几点。

（1）沟通与理解。人们通过语言、文字、图像等各种符号媒介进行沟通，这种沟通方式使不同个体的思想得以相互理解和交融。符号媒介作为信息的载体，具有普遍性和客观性，使得不

同文化背景、知识体系的人们能够进行有效的交流。在沟通过程中，个体将自己的思想和意图编码为符号，并通过媒介传递给其他个体。接收者对接收到的符号进行解码，理解发送者的意图和信息。这个过程涉及语言、文化、社会习俗等多种因素的作用，需要个体具备一定的解码能力和背景知识。通过符号媒介的沟通，不同个体的思想得以相互碰撞和交融。这种碰撞和交融不仅局限于个人之间，也发生在群体、组织乃至整个社会层面。在共同理解和认知的基础上，个体间逐渐形成共同的认知框架和价值观。这种共同的认知框架和价值观有助于增强个体间的凝聚力和认同感，推动社会的进步和发展。

（2）知识的传播与分享。知识的传播与分享在推动文化、科技和社会进步方面扮演着至关重要的角色。一个新观点或新理念的提出，往往能够激发人们的思考，进而引发连锁反应，形成强大的创新驱动力。知识的传播和分享有助于文化的传播和交流。通过书籍、电影、音乐等文化产品，人们可以了解不同国家和地区的文化传统、价值观念和思想理念。这种跨文化的交流有助于促进文化多样性和相互理解，进而推动文化创新和发展。在科技领域，知识的传播和分享也是推动科技进步的关键因素。科学家和研究者通过发表论文、参加学术会议等方式分享他们的研究成果，使得其他研究者能够在此基础上进行更深入的研究。这种知识的累积和传递有助于推动科技创新，进而推动社会进步。此外，在社会领域，知识的传播和分享也有助于推动社会进步。例如，通过教育和培训，人们可以掌握更多的知识和技能，提高自己的素质和能力。这种知识和技能的提升有助于人们更好地适应社会发展的需要。

（3）社会影响与动员。意见领袖或具有影响力的个体通过传播自己的思想观念，能够调动和整合大众的行动力，实现社会动员，推动社会变革。意见领袖通常具有较高的社会地位、丰富的专业知识或广泛的人际关系。他们能够影响他人的态度和行为，部分原因是他们具备了某些特定的个人特征，如说服力、信誉度和社交能力。意见领袖通过发表观点、评论或分享信息，将自己的思想观念传播给大众。这种传播通常借助社交媒体、博客、论坛等平台进行，能够迅速覆盖大量的人群。意见领袖的观点和影响力对于塑造公众舆论与行为模式具有重要作用，他们不仅局限于传播信息，还能动员大众采取实际行动。大众在意见领袖的影响下，可能会形成共识，采取一致的行动，从而产生更大的社会影响力。当大众的行动力被有效地动员起来，就有可能推动社会变革。历史上，许多重要的社会运动和改革都与意见领袖的倡导和动员有关。

（4）共情与同理。共情是指个体能够设身处地体验他人情感、理解他人立场的心理能力。通过共情机制，人们能够跨越个人经验的界限，在情感层面上与他人建立起深层次的联系。这种连接有助于增进人与人之间的沟通效率，加深对彼此需求、期望和感受的认知，从而促进相互理解和接纳，进一步增强社会凝聚力和个人关系的和谐发展。在团队协作、心理咨询、教育以及日常的人际交往中，培养和运用共情能力都显得尤为重要。

思想链接力的强大体现在以下三个方面。

首先，思想能够超越时空和文化的差异，将不同的人连接在一起。例如，人类对于自由、平等、公正、爱等普遍价值的追求，使得不同文化和社会背景下的人能够产生共鸣与合作。这种思想的链接力可以跨越国界、种族、宗教等差异，促进全球范围内的合作与交流。

其次，思想能够激发人们的创造力和创新精神。通过思考、探索和创造，人们可以不断推动社会的进步和发展。这种创造力和创新精神也是思想链接力的一种体现，它能够将不同领域、不同专业的人们联系在一起，共同推动科学、技术、文化、艺术等领域的进步。

最后，思想能够激发人们的情感共鸣和社会责任感。当人们认同某种思想或理念时，会产生强烈的情感共鸣和社会责任感，愿意为之付出努力和牺牲。这种情感的链接力可以促使人们形成紧密的社群和共同体，共同追求某种社会目标或价值。

总之，思想链接力是一种无形的、强大的力量，它能够将不同的人们连接在一起，形成共同的行动目标和方向。这种链接力不仅能够促进个体和群体的成长与发展，也能够推动社会的进步和变革。因此，人们应该重视思想的力量，通过深入思考和交流，不断探索和创新，共同推动人类社会的进步和发展。

3. 六度理论，人与人之间的链式反应

我们每个人都是社会网络中的一个链接点，通过在其中的位置和价值为他人提供各种各样的资源与信息，形成带动效应。同时，人们也能从中获得自己想要的资源和信息，受到他人的有益影响。由于各种约束，一个人的能力只能够进行有限范围的链接，超过这个范围，人们就无能为力。为此，人们要使用有效的理论，优化链接，以达到链接的终极目标。

早在1967年，哈佛大学的心理学教授斯坦利·米尔格拉姆便基于实验结果提出：任何两个陌生人之间，平均只需通过6个人就能建立链接。这就是著名的“六度空间”理论。可以说，链接力便是在这个理论的影响下诞生的。

六度空间理论又称六度分割理论或小世界现象。这种现象并不是说任何人与人之间的联系都必须通过6个人或6个层次才会产生联系，而是表达了这样一个重要的概念：任何两个素不相识的人之间，通过一定的联系方式总能够产生必然联系或关系，揭示了社交网络的紧密性以及人与人之间的相互关联程度之高。显然，随着联系方式和联系能力的不同，实现个人期望的机遇将产生明显的区别。

社会网络的底层逻辑其实并不高深，它的理论基础正是“六度空间”。对于全球社交网络而言，该理论强调了信息传播、资源获取以及社会影响等过程在网络中的快速扩散效应。在实际应

用中，“六度空间”理论不仅有助于理解并优化社交媒体平台的设计与功能，如好友推荐系统、信息推送算法等，还为企业营销、公共关系管理等领域提供了理论依据，使得定位目标用户、进行精准传播成为可能。例如，社会性软件便是建立在真实的社会网络上的增值性软件，并提供相应的服务。同时，它也提醒人们，在这个高度互联的世界中，个体的行为和决策往往会产生超出预期的广泛影响。

从“六度空间”理论的角度来看，个体影响力的放大效应主要体现在以下几点。

（1）快速传播。由于人与人之间的联系通常不超过6个层次的间接关系就能实现，这就意味着个体的信息、观点或行为可以迅速扩散到社交网络的各个角落。即使一个个体的影响范围有限，但经过多层传递后，其影响力可能触及大量人群。在全球

∝ 链接力 ∞

社交网络结构中，个体的信息、观点或行为的扩散机制确实与病毒传播有许多相似之处。社交网络由无数的节点（个体）和边（关系）组成，形成了一个复杂且高度连通的结构。这种网络结构为信息传递提供了丰富的路径和渠道。优化算法在社交网络分析中扮演着重要角色，有助于理解信息如何在这个网络中传播。例如，基于距离的传播模型可以揭示节点间的相对重要性，从而预测信息如何流动。这些算法能够揭示出即使是个体直接影响力有限，信息也能通过一系列间接关系迅速扩散。具体来说，当一个个体发布信息后，其直接联系人可能会接收并转发该信息。然后，这些直接联系人的联系人再转发，以此类推。每一步的传播都可能引入新的转发者，从而扩大了信息的覆盖面。这种传播方式类似于病毒在人群中的传播：初始感染者可能很少，但随着传播的进行，感染者数量会迅速增多。

在日常生活中常见的有微博“大V”的影响力、“网红”效应、社交媒体挑战和话题标签、影响力人物等。微博作为全球范围内的社交媒体平台，拥有众多具有大量粉丝的“大V”。这些“大V”发布的微博往往能够获得极高的转发量和评论量，从而对大量用户产生影响。某个个体，一旦成为“大V”，其影响力就会通过粉丝的层层传播而放大，触及更广泛的受众。“网红”在社交媒体上聚集了大量关注者，他们通过分享自己的生活方式、观点或产品推荐，吸引了大量粉丝。这些“网红”的影响力能够超越传统的广告和营销渠道，直接影响消费者的购买决策。通过与品牌合作或推广产品，“网红”能够迅速将信息传递给他们的粉丝，并引发购买热潮。在全球范围内，社交媒体上经常出现各种挑战和话题标签，如“冰桶挑战”“#MeToo”等。这些挑战和标签迅速传播，吸引了大量用户参与。起初可能只是少数个体发起，但随着更多人的参与和分享，这些信息迅速扩散至整个社交网络，产生了巨大的影响力。在各个行业或领域，都有一些具有广泛影响力的个体，行业领军人、知名作家、社会活动家等。他们通过发表文章、演讲或参与社会活动，对公众舆论产生深远影响。这些个体的影响力能够超越传统的媒体渠道，直接与广大受众产生联系。

这些实例都表明，在全球社交网络结构中，个体的信息、观点或行为可以迅速扩散并产生广泛影响。通过利用社交网络的传播机制和算法的优化设计，即使个体直接影响力有限，其影响力也可以通过间接关系被放大，从而对大量人群产生影响。

（2）**链式反应**。在社交网络中，信息或行为的传播往往遵循着链式反应的机制。当某个信息或行为触动了某个节点，它可能会像病毒一样迅速传播开来。这是因为社交网络中的个体之间存在着各种直接或间接的联系，这些联系构成了传播的渠道。一旦某个节点被触动，它所发出的信息或行为就有可能被它的直接联系人接收并转发。这些直接联系人又将信息传递给他们各自的联系人，如此一层层地传递下去。每一步的传播都可能引发新的转发，从而像链式反应一样，信息或行为通过人际关系网迅速传播开来。这种链式反应的传播速度非常快，因为它利用了社交网络中的结构特征。社交网络通常具有高度的连通性，节点之间存在大量的路径可以用于传播。此外，算法的优化设计也促进了信息的快速传播，例如通过推荐算法，将信息推送给最有可能感兴趣的用户。个体影响力的放大效应在这种链式反应中尤为明显。即使是个体发出的信息或行为，一旦在社交网络中引发链式反应，其影响力就有可能呈几何级数增长。这是因为每一次转发都可能引入新的传播者，从而将信息传递给更多的个体。

（3）**群体共振**。群体共振是在物理学、生物学、社会学等多个领域中出现的一种现象，它描述的是一个系统内的多个个体（可以是物理振子、神经元、动物群体、人类社会等）在一定条件下，通过相互作用同步振动或表现出一致行为的过程。在自然界中，群体共振的例子比比皆是。在人类社会活动中，人们的情绪、行为、观点等也会发生群体共振现象，表现为流行趋势、舆论导向、市场行为的一致性变化，以及大规模集会中人群情绪的快速传染等。当个体的信息或行为在“六度空间”之内传播时，容易引发相似群体的关注和共鸣，从而产生集群效应，大大增强原本单个个体的影响力。

（4）潜在影响边界拓宽。个体不仅会直接影响与其直接关联的人，还可能通过这些人的朋友圈、社交圈等间接影响原本看似遥远或无关的人群，拓宽了个体影响力的潜在边界。在现代社会中，个体的行为、决策、信息传播等不仅局限于直接影响其直接的朋友、家人或同事，也能在社交网络上形成链式反应。通过“六度空间”理论可以知道，个体的影响力可以跨越多层关系网，触及原本看似遥远的群体。这种现象在病毒式营销、舆论引导、公共健康政策宣传等领域尤为明显，凸显了个体在网络化社会中的重要作用以及责任意识培养的重要性。

在实际生活中，“六度空间”理论被广泛应用于社交媒体、信息传播、市场营销等领域。例如，在社交网络上进行的研究发现，用户之间的平均距离的确非常接近“六度空间”理论的描述。此外，这一理论也启发了许多网络分析和优化算法的设计，以更好地理解并利用复杂网络中的节点连接特性。

4. 生生不息，影响深远的文化链接力

人类的思想链接力是一种强大的力量，它跨越时间和空间，将人类与过去、现在和未来紧密地联系在一起，这种链接力在文化传统的继承与革新过程中表现得尤为突出，它确保了人类文明的连续性和进步性。

在文化传统的继承与革新过程中，通过教育、研究和艺术创作等方式，世代相传的思想精髓得以保存并发扬光大。通过教育，可以将前人的智慧、经验和教训传授给后代，使他们在继承传统文化的基础上，不断开拓新的领域，创造新的价值。无论是家庭教育、学校教育还是社会教育，都在塑造着人类的思想观念和行为方式，使人们成为具有特定文化传统的社会成员。通过对历史、文学、艺术、科学等领域的深入研究，可以挖掘出隐藏在文化传统深处的思想精髓，从而更好地理解文化根源和民族精神。同时，研究也能推动人类对传统文化的批判性思考，促进文化传统的创新和发展。艺术家们通过绘画、音乐、舞蹈、戏剧等艺术形式，将自己对世界的感悟和理解传达给观众，从而引发观众的思考和共鸣。艺术作品往往蕴含着深刻的文化内涵和民族精神，它们可以跨越语言和国界，成为人类共享的精神财富。在思想链接力的作用下，文化传统得以不断延续和发展。每一代人都在继承前人遗产的基础上，根据自己的时代背景和需求进行创新与改造，使文化传统焕发新的生机和活力。这种继承与革新的过

程是人类文明不断进步的重要推动力。

文化链接力是指通过文化的交流、传播与融合，在不同的社会群体、组织或国家之间建立起有效的联系和相互理解。这种力量有助于打破文化隔阂，促进合作与共识的达成，并且在国际交流、商业活动、社区建设等领域中发挥关键作用。文化链接力强调的是共性寻找与差异尊重，通过共享价值观、传统习俗、艺术形式等文化元素，增强彼此的情感纽带和社会凝聚力。它不仅能够通过文化的交流与互鉴促进不同文化背景的社会群体之间的相互理解和接纳，而且在实践中可以有效增进国际间的友好关系、推动跨文化商业合作的成功，以及增强社区内部的和谐与团结。

文化的传承和链接是文化发展与交流中的两个重要概念，它们在维护文化延续性、促进文化交流互鉴中发挥着关键作用。

文化传承是指人类社会在历史演进过程中创造的物质文化和精神文化从一代人向下一代人的传递过程。这个过程不仅包括对传统文化的继承，还包括对这些文化内容的创新和发展。具体而言，文化传承涉及以下几个方面。

（1）文化继承。文化继承是指保护和延续祖先遗留下来的传统知识、技艺、习俗、艺术形式等非物质文化遗产。文化继承是一个国家或民族将历史积淀下来的文化遗产传递给后代，以保持文化连续性和独特性的重要过程。

例如，京剧作为中国国粹，融合了唱、念、做、打等多种艺术形式，其独特的表演方式、脸谱、服装和音乐等都是历经几百年传承下来的宝贵文化遗产。传统的戏曲世家会把祖传的表演技艺传授给下一代，使这种艺术形式得以延续。又如，中国的剪纸艺术是一项有着千年历史的非物质文化遗产，多个地区的剪纸艺人根据当地习俗创作出具有地方特色的图案，并通过家庭、学校和社会教育机构将这门技艺传给年青一代。

总之，文化继承体现在各种形式的文化实践活动中，无论是口头文学、传统技艺、节日庆典还是社会习俗，都是通过实际操作、言传身教的方式，使历史长河中的文化财富得以保留并发扬光大。

（2）文化发展。文化发展是一个动态的过程，指的是一个国家、民族或地区在历史长河中创造、传承和创新文化的综合表现。它涵盖了从物质到精神、从制度到习俗、从艺术到科学等各个方面的内容，并随着社会变迁、科技进步、经济发展以及全球交流的深入而不断演进和丰富。文化发展既包含了对传统文化的保护、传承和发扬，也强调了根据时代需求进行适应性创新。这种创新可以体现在文学艺术创作的新形式上，也可以体现在思想观念、价值取向、生活方式的变化中。文化发展与社会经济的发展紧密相连，先进的生产力和社会结构往往会催生出新的文化形态。同时，文化的进步也会反过来促进社会的和谐稳定和可持续发展。科学技术的进步深刻地改变了人们的生活方式和思维方式，从而推动了文化的现代化进程。例如，数字技术的应用使得文化传播更为便捷、快速，催生出网络文化、数字艺术等新兴文化领域。文化发展是实现人的全面发展的关键因素之一。通过教育、文艺活动等多种途径提高人们的文化素养，培养具有创新精神和人文情怀的新一代，是文化持续健康发展的基础。文化发展是一个多元化、立体化的复杂过程，它体现了人类文明的历史积淀、现实诉求以及未来的理想追求。在推进文化发展的过程中，需要兼顾传统与现代、本土与全球的关系，以开放包容的态度积极应对挑战，实现文化生态的和谐共生与持续繁荣。

（3）文化教育。文化教育涵盖了从个体到集体、从学校到社会的多层次、多维度的文化传承和培育过程，是人类社会发展过程中不可或缺的重要组成部分。文化教育旨在通过有组织的教学活动以及日常生活中的实践体验，使人们了解、接纳并传承人类创造的各种精神和物质文化遗产，培养具有较高文化素养、人文情怀与社会责任感的公民。传统文化教育是对民族历史、风俗习惯、艺术形式、价值观念等传统文化元素的学习和传播，旨在增强个体对本民族文化根源的认识，培养尊重和保护文化遗产的意识，并从中汲取智慧和力量。随着社会的发展与进步，文化教育不仅局限于传统领域，还包括科学知识、法律法规、道德伦理、国际视野等方面的培养，旨在提升个人综合素质，使其能够适应现代社会的需求和发展。要鼓励年青一代在掌握文化知识的基础上进行创新思考，将所学的文化内容应用到社会实践活动中，包括文学创作、艺术表演、社区服务等，以实际行动推动文化的传承与发展。文化教育对于个人的世界观、人生观、价值观有着深远的影响，通过深入挖掘文化内涵，可以培养人们的道德情操、审美情趣和社会责任感。

（4）文化链接。文化链接是指不同文化之间的相互联系、沟通与融合的过程。它强调的是文化之间的动态交互关系，包含传播、互动、吸收、融合四个方面。

文化传播是指人们通过各种方式将文化元素（如语言、文字、艺术、习俗、价值观等）从一个社会或群体传播到另一个社会或群体的过程。这一过程可以跨越时空界限，包括国家之间、民族之间以及不同社会群体之间的文化交流与传播。文化的传播使得各种文化跨越地域、民族、语言界限，相互接触和了解，形成文化的交融和借鉴。现代信息技术的发展加速了文化的交流与碰撞，各种文化元素在共享与交流中相互影响，形成了新的文化现象和文化形态。不同文化群体在互动过程中，各自的文化元素相互影响、交流、接纳和整合，最终形成一种新的、多元化的文化现象。移民、通婚、旅游等社会现象促使来自不同文化背景的人们共同生活、共享经验，从而在日常生活中自然地进行文化融合。不同文化背景的人们通过直接或间接的交流，学习并借鉴其他文化的优秀成分，将其融入自身文化中，如语言词汇的借用、艺术形式的创新等。

全球化进程中的商业贸易和科技进步加速了文化传播的速度与广度，使得各种文化在全球范围内快速交融，产生新的文化形态。政府政策鼓励多元文化共存与发展，教育系统推行跨文化交流和理解，也有利于促进文化融合。这一过程不仅仅是简单的文化叠加，更是一种深层次的创新与重构。不同的文化之间互相吸收有益成分，进行文化创新，这有助于增进文化多样性和包容性，促进全球文明的共同进步。文化链接还可以表现为跨文化交际，即在不同文化背景的人群之间建立桥梁，促进理解和友谊，实现文化的和谐共生。文化传承着重于文化内在生命力的维系与发扬，而文化链接则更关注文化间的关系网络构建与创新发展。两者相辅相成，共同推动了人类文化的繁荣与发展。

在全球化的浪潮中，文化链接力表现为一种软实力，有助于减少文化冲突，搭建跨越国界和地域的桥梁。通过挖掘和展现文化中的共性，并尊重和欣赏差异性，各国家和地区可以在保持自身文化特色的同时，共同构建一个包容多元、互相学习的文化生态系统。文化的共性和差异性在对话与交流中得以展现，这有助于消除误解、缓解冲突，进而推动世界人民的互信与合作。此外，一个开放包容的文化环境能够激励思维创新，为知识进步和社会经济发展提供源源不断的动力，同时也对维护世界和平、构建可持续发展的全球社会格局有着不可估量的价值。因此，加强文化教育、文化交流及合作机制，对于提升文化链接力，实现全球化背景下的多元文化和谐共生至关重要！

第二章

超级链接力

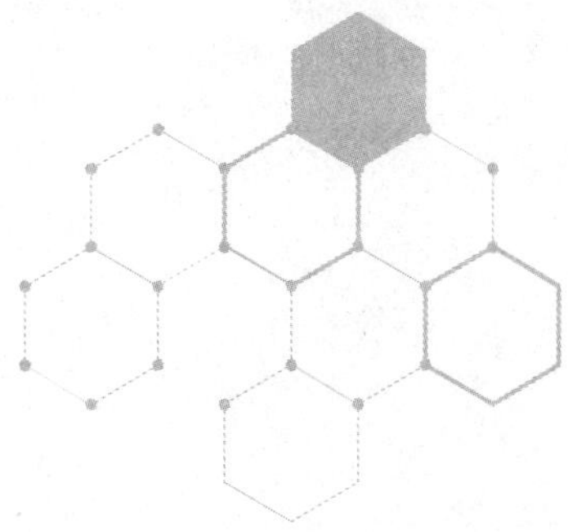

互联网的出现，极大地提升了世界的链接力。互联网最大的功能就是链接，互联网的链接力是一种基于社会网络价值的核心能力，它涉及连接不同网络，包括个人网络、组织网络和社会网络的能力。这种链接力不仅仅是一种技术上的连接，更是一种思维方式和生存方式。

将计算机网络互相链接在一起的方法可称作“网络互联”，在这个基础上发展出的全球性互联网络称互联网，是一种互相链接的网络结构。互联网又称国际网络，指的是网络与网络之间所联成的庞大网络，这些网络以一组通用的协议相连，形成逻辑上的单一巨大国际网络。互联网始于1969年美国的阿帕网。通常用internet泛指互联网，用Internet特指因特网。

使用互联网可以将信息瞬间发送到千里之外的人手中，它是信息社会的重要基础。也正是这种超级链接力，对人类社会产生了深刻的变革。

一、内容链接

1986年，北京计算机应用技术研究所与德国卡尔斯鲁厄大学合作的国际联网项目——中国学术网（Chinese Academic Network，CANET）启动。1986年8月，中国科学院高能物理研究所的成员在北京通过卫星链接，远程登录到日内瓦一台机器的“VXCRNA王淑琴”的账户上，向位于日内瓦的“Steinberger”发出了一封电子邮件。

1987年9月，中国学术网在北京计算机应用技术研究所内正式建成中国第一个国际互联网电子邮件节点，并于9月20日成功发出了一封名为“Across the Great Wall we can reach every corner in the world.（越过长城，走向世界）”的电子邮件。这是我国计算机网络走向世界的起点，也是我国互联网的开端，开启了互联网全面链接的时代。

1. 互联网的运行规则“超链接”

1994年4月20日，我国通过一条64K的国际专线接入国际互联网，正式开启了互联网时代。

第一代互联网又称为PC（Personal Computer，个人电脑）互联网，其核心是PC互联。在这个阶段，计算机实现了相互连通，可以进行数据通信。它是以单计算机为中心的联机系统。这些系统的建立不是为了资源共享，而是为了能进行远程通信。其特征是企业在互联网上注册域名、建立网站，个人用户通过浏览阅读网站信息。

互联网的工作原理就是超链接，也叫超级链接，简单来讲就是指按内容链接。超级链接在本质上属于一个网页的一部分，它是一种允许使用者同其他网页或站点之间进行链接的元素。各个网页链接在一起后，才能构成一个真正的网站。超链接是指从一个网页指向一个目标的链接关系，这个目标可以是另一个网页，也可以是相同网页上的不同位置，还可以是一张图片、一个电子邮件地址、一个文件，甚至是一个应用程序。而在一个网页中用来超链接的对象，可以是一段文本或者一个图片。当浏览者单击已经存在链接的文字或图片后，链接目标将显示在浏览器上，并且根据目标的类型来执行打开或运行操作。

如果某超文本文档中的元素与另一个超文本、文件或脚本的不同元素之间存在链接，那么用户可以通过点击被链接的元素来激活这些链接。通常在被链接的元素下有下划线或者以不同的颜色显示来进行区分。在超文本文档中，超链接用标记语言的标签指出。

一个完整的超链接包括两个部分，即链接的载体和链接的目标地址。链接的载体是指显示链接的部分，即包含超链接的文本或图像；链接的目标是指单击超链接后所显示的内容，可能是打开另一个网页，或进入另一个网站，或打开电子邮箱等。因此，在创建超链接之前，必须先确定链接的载体和链接的目标地址。

根据不同的角度，可以将超链接分为不同的类型。例如，按照使用对象的不同，链接可以分为文本超链接、图像超链接、E-mail链接、锚点链接、多媒体文件链接、空链接等。

超链接是Web页面区别于其他媒体的重要特征之一，网页浏览者只要单击网页中的超链接就可以自动跳转到超链接的目标对象。超链接的数量是不受限制的，且其载体形式多样。例如，文本超链接是分配了目标URL（Uniform Resource Locator，统一资源定位系统）的字或短语；图像超链接可以为整个图像分配默认超链接，也可以为图像分配一个或多个热点，即在图像中划分多个区域分配超链接。

超链接还可以分为动态超链接和静态超链接。动态超链接指的是可以通过改变HTML代码来实现动态变化的超链接。例如，可以实现将鼠标移动到某个文字链接上，文字就会出现像动画一样动起来或改变颜色的效果，也可以实现鼠标移到图片上，图片就会产生反色或朦胧等效果。静态超链接，顾名思义，就是没有动态效果的超链接。

2. 迅速崛起的网络“第四媒体”

互联网之所以有这么大的魅力，是因为它有超强的链接能力。在互联网快速发展的背景下，门户网站应运而生。门户网站的概念最早起源于互联网商业中的ICP（Internet Content Provider，互联网内容提供商）。一般而言，门户网站是指将网络上庞大的各种信息资源加以分类、整理并提供搜索引擎，让不同的使用者能够快速查询信息的网站。

1993年，软件工程师王志东得到四通集团500万港元投资，创办四通利方信息技术有限公司（以下简称四通利方），开办了SRSNET网站。1997年，四通利方引入650万美元国际风险投资，成为国内IT产业引进风险投资的首家企业。1998年，四通利方将SRSNET改版为“利方在线”，在国内首推“中文门户”的概念，就是指通向某类综合性互联网信息资源并提供有关信息服务的应用系统。1998年底，四通利方宣布并购海外最大的华人网站公司“华渊资讯”，成立“新浪网”。1999年7月，新浪登上中国互联网络信息中心（China Internet Network Information Center，CNNIC）公布的中文网站排名之首。

1995年5月，丁磊辞去之前的工作来到广州，加盟了刚刚成立的Sybase。一年后，他辞职来到广州一家网络业务提供商（Internet Service Provider，ISP），架设了Chinanet上第一个BBS“火鸟”。1997年5月，丁磊自立门户，网易BBS风风火火地运行起来了。1997年11月，网易自主研发了国内首个全中文的免费电子邮件系统，并且大胆使用数字来注册一个域名。1998年2月16日，www.163.net正式开放使用。

1996年8月，美国麻省理工学院博士张朝阳回国，利用风险投资创办了爱特信信息技术有限公司，建立爱特信网站。其网站中的分类搜索起初被称作“爱特信指南针”，后更名为“搜乎”。当爱特信进行第二轮融资时，“搜乎”更名为“搜狐”。1998年2月，爱特信正式更名为搜狐公司，中国首家大型分类查询搜索引擎横空出世。“出门靠地图，上网找搜狐”，搜狐打开了中国网民通往互联网世界的神奇大门。2000年，搜狐收购了中国最大的年青人社区ChinaRen校友录，确立了国内最大的中文网站地位。

流量的本质在于“人”，而刚刚进入中国的互联网对于中国用户来说完全是一个新兴的事物，在这个阶段，中国互联网的流量处于生长累积状态。这个时候的互联网几乎是一片蛮荒的状态，用户们处于一种单向的、被动的接收信息的过程。这个时期的互联网对于用户而言，只不过是获取信息的一个端口。

1998年是中国门户网站上线的爆发期。1999年，搜狐推出新闻及内容频道，奠定了综合门户网站的雏形，开启了中国互联网门户时代。2000年，新浪、网易、搜狐纷纷在纳斯达克挂牌上市。

新浪、网易、搜狐这“三大门户”成为那个时代的绝对明星。新浪、网易、搜狐等门户网站在发展起步阶段完全模仿了国外门户网站雅虎的发展模式，即门户网站是综合的网络内容服务商，为用户提供内容平台服务。这一时期，中国用户的核心需求是“内容”。从另一个角度来看，也正是新浪、网易、搜狐这些门户苦苦做内容，才慢慢有越来越多的人愿意上网。在此背景下，Web 1.0时代（“只读”网络时代）也才得以积累了自己的第一波流量，这就是传说中的“三大门户”时代。

在互联网时代，每个人都面对多个网络，而链接力就是将这些网络有效地连接起来，实现信息的共享、资源的整合和价值的提升。通过构建连接和合作，个人可以与其他人、其他组织和社会形成互补优势，进而获得整体优势并提升个人价值。经过几年的内容完善和发展，中国“三大门户”网站从单纯模仿雅虎，过渡到了自我创新的成长期。它们有了各自的新定位：搜狐选择了多元化，目标是成为“一家新媒体、电子商务、通信和移动增值服务公司”；新浪集中兵力于“在线媒体及增值资讯服务提供商”；网易则选择将收费增值服务、网络游戏作为其战略转型突破口。同时，“三大门户”网站以短信、网络游戏和网络广告为主的门户盈利模式已经清晰。

门户网站也逐步聚焦更为广泛的链接。从2000年悉尼奥运会的新闻报道竞争，到一系列网上突发事件报道，网络媒体给了人们全新的阅读感受。2002年，国内网络媒体首次参与“两会”报道工作，其意义已远远超出新闻领域，在推进民主政治建设上起着无可替代的作用。可以说，网络媒体凭借自身的时效性、交互性、开放性、生动性、易保存性、易检索性和多媒体性等，得到了越来越多网民的认同。以“内容为王”为主要发展模式的门户网站，成为与报刊、广播、电视等传统媒体并存的“第四媒体”之一。

二、功能链接

从Web1.0时代发展到Web2.0时代（“读写”网络时代）的过程中，中国网民经历了内容匮乏阶段、内容充足阶段和内容过剩阶段，搜索引擎自然而然地解决了用户“高效地获取有效信息”这个痛点。百度、雅虎以及谷歌这类主打搜索的企业，成为这个时期的“流量之王”。此后，随着互联网的发展，用户的其他需求被满足成为可能。除了搜索，链接也开始向人们当时的核心需求——通信、电子商务这两块聚集。

1. 超链分析，在海量信息中进行搜索链接

随着内容的不断增多，人类进入了信息爆炸的时代。如何快速、有效地在海量的内容中找到自己想要的信息，成为必须面对并解决的问题。在这样的背景下，百度诞生了。曾经，百度和谷歌就相当于互联网的代名词，在当时而言，不会搜索就不懂链接。

搜索和链接是信息时代的两大核心要素，它们相互依存、相互促进，共同构成了现代信息服务的基石。搜索是指通过特定的

算法和技术手段，从海量的信息中快速、准确地找到用户所需的内容；而链接则是将分散、孤立的信息资源进行整合和连接，形成一个有机、高效的信息网络。

在现代信息社会中，搜索力和链接力的重要性越发凸显。搜索力不仅指的是在网上搜索信息的能力，还可以是寻找资源的能力。现在很多时候，遇到问题，只要在百度、搜狗、知乎这几个平台进行搜索，基本上就可以搜索到想要的信息。链接力则是将不同领域、不同来源的信息资源进行整合和连接，形成一个庞大的信息网络，为用户提供更加全面、深入的信息服务的能力。

搜索力和链接力是助力现代人学习和生活的有力武器。面对不确定的未来，你不用知识有多渊博或达到面面俱到，但你一定要有能快速找到答案和解决方案的搜索力及链接力。

超链分析技术最早是由李彦宏提出的。超链分析是了解搜索引擎链接力的主要方法之一。超链分析的基本原理是在某次搜索的所有结果中，被其他网页用超链指向得越多，该网页的价值就越高，就越应该在结果排序中排到前面。超链分析是一种引用投票机制，对于静态网页或者网站主页，它具有一定的合量性，因为这样的网页容易根据其在互联网上受到的评价产生不同的超链指向量。超链分析的结果可以反映网页的重要程度，从而给用户提供更重要、更有价值的搜索结果。超链分析主要利用数学（主要是统计学和拓扑学）和情报学方法，对网络链接的自身属性、链接对象、链接网络等各种现象进行分析，以便揭示其数量特征和内在规律。

超链分析虽然是针对互联网搜索技术提出的，但为链接力提供了理论参考。其中，重要概念包括节点集合、向边集合、链源、链宿、出链、入链等。

节点集合是树结构中的一个基本概念，指的是树中所有节点的集合。以下是关于节点集合的详细解释。

节点：树中的数据元素都称为节点，是构成节点集合的基本单位。

节点类型：在节点集合中，节点可以根据其度（子树的个数）进行分类，如度为0的节点称为树叶，度不为0的节点称为分支节点。

节点关系：节点之间通过父子关系、兄弟关系等相互连接，共同构成树的结构。

节点层次与树的深度：节点在树中的位置可以通过其层次来描述，而树的深度则是树中节点的最大层次数。

优化网页的链接结构是提高搜索引擎排名的关键手段之一。

在互联网中，链源是链结构中的一个组成部分，是导致浏览过程中节点迁移的原因，可以是热标、媒体对象或节点等，起着引发和导向的作用。链源作为搜索的起点，通过向量存储支持混合搜索，并结合人工智能模型的语言处理能力，实现智能化的搜索解决方案。具体步骤包括：确认向量存储支持混合搜索，添加可配置的参数以调用链，并在运行时实现动态搜索。这种方法不仅提升了搜索的灵活性，还增强了用户体验，使用户能够更准确地找到所需信息。同时，链源的应用也促进了搜索引擎对网站内容的理解和整合，有助于提高页面的权重和排名。这样，网页作者通过链接的创建和指向选择，为用户提供了有价值的信息引导，使他们能够访问到与原网页主题相关的其他网络资源。这是一个对网页进行评论的自然过程。

超链分析算法建立在两个假设之上：一是两个网页间存在链接关系表示两个网页之间内容相关；二是如果两个网页存在链接关系，那么表明一个网页的作者认为另一个网页是有价值的。如果一个页面被多次链接，则这个页面很可能是重要的；如果一个页面尽管没有被多次链接，但被一个重要页面链接，则这个页面也可能是重要的；一个页面的重要性被均匀分配，并被传递给所有它所链接的页面。

有链接的价值，在一定程度上，这也就是页面本身所具有的权威值。被大量超链接所指向的网页称为权威网页，中心网页本身未必具有权威性，却包含了多个指向权威网页的超链接的网页。权威网页和中心网页之间是相互依赖的关系，一个好的中心网页应该指向很多好的权威网页，而一个好的权威网页则应该被很多好的中心网页所指向。

超链分析作为一种研究超文本环境极为重要的工具，不仅在互联网研究领域具有极其重要的理论研究价值和广泛的应用背景，在链接力及产业链的构建过程中也具有重要的理论指导价值。

超链分析可以指导链接的内容。一般的爬行器是根据网页之间的链接信息来采集网页，不考虑网页质量的好坏。如果只想采集高质量的网页，就要按照网页质量的高低依次来进行采集，尽可能多地获得高质量的网页。超链分析为判断网页的质量提供了一种手段。

超链分析可以对链接的结果排序。当用户向搜索引擎提交查询式的时候，搜索引擎返回的结果及其排序依赖于查询式处理器和搜索引擎所使用的算法。从用户的角度来看，希望将最相关、最重要的结果放在前面。采用超链分析的排序称为“连通性排名”。

超链分析进行链接结果聚类。目前搜索引擎的搜寻结果还不能令人完全满意。因为用户在提交一个查询式的时候，返回的结果可能属于不同的领域，而用户一般关注的只是其中一个领域。考虑到这种情况，有些学者利用超链分析理论对检索结果进行聚类，将聚类后的结果提供给用户来浏览。

超链分析改进了链接的质量。高质量的链接可以提高网页的权重和排名，而低质量的或垃圾链接则可能对网页产生负面影响。以网页为检索对象，以超链分析为核心算法的网络信息检索，打破了线性存储的限制，为用户提供了比传统的信息检索范围更广泛的检索空间。在搜索引擎的网页爬行方面，超链分析方法可以优化爬行策略，如认为搜索引擎应尽量返回和查询主题相关的权威网页，因此在爬行中应有一个积累和评价机制。在算法中，可以按照深度优先或广度优先的算法从一批起始网页开始收集，当网页提取回来后，采用相应的递归算法来计算出网页的中心值和权威值，以逐步确定该主题的权威网页集合。这样，在爬行时更具针对性、性能更高效。

对搜索引擎检索结果的评价和排序也是超链分析方法的重要应用领域。由于资源索引数据库的容量十分庞大，若用户输入一个关键词，有可能会有成千上万条记录相匹配，搜索引擎对如此庞大的结果如何排序，如何把最相关的几十条记录显示出来，算法通过网页权威值的运算，给每个网页一个独立于查询的评价数值，搜索引擎就据此对结果集中的记录进行提取和排序，从而大大减轻了用户信息过滤的负担。百度等搜索引擎就采用了超链接分析技术来对检索结果排序。

当前，学界对超链分析的研究尚处于起步阶段，已有的研究工作为这个领域提出了越来越多需要解决的问题。以下是目前几个热点研究方向。

一是和超链接的锚文本内容相结合。在文本检索会议（Text Retrieval Conference，TREC）测试集上结合文本进行超链分析研究，可以提高检索的质量，提高幅度可达10%以上，基于熵的超链分析改进就是典型结合示例。

二是超链分析与概念、本体、语义网等技术结合。自然语言理解技术可以促进搜索技术的发展。与概念、本体、语义网等技术相结合是超链分析技术的一个新的热点。

三是噪声超链的识别与消除。Web上不是每个超链都包含了有用的信息，如广告、站点导航、赞助商、用于友情交换的超链，对于超链分析不仅没有帮助，还会影响结果。如何有效地去除这些无关超链，也是超链分析算法的一个关键点。

无论如何，超链分析都为链接力提供了有力的理论借鉴，为产业链的构建提供了有价值的方法论。

2. 电子商务，商品链接带动经济飞速发展

进入21世纪，全球互联网发展迅猛，为商品链接提供了新的工具和方式。目前，对于电子商务的定义并未达成统一。一般认为，电子商务通常是指在全球各地广泛的商业贸易活动中，基于客户端/服务端应用方式，买卖双方互不谋面地进行各种商贸活动，实现消费者的网上购物、商户之间的网上交易和在线电子支付，以及各种商务活动、交易活动、金融活动和相关的综合服务活动的一种商业运用模式。例如，以美国的eBay为代表的网络拍卖开始崭露头角，它们通过重构链接、省去中间环节、提供更大的选择空间和更低的价格，为消费者带来了全新的购物体验，这为电子商务的兴起奠定了基础。

随着电子商务的不断发展，人们可以不受时间、空间及传统购物方式的诸多限制，随时随地在网上交易。在网上，这个世界

将会变得很“小”，一个商家可以面对全球的消费者，而一个消费者也可以在全球任意购物。电子商务减少了商品流通的中间环节，大大降低了流通和交易成本。如今，人们越来越追求时尚、讲究个性，而在网上购物的过程更为个性化，能够满足人们多样化的消费需求。

以商品为链接的互联网时代已经到来，具有代表性的事件是“双11”购物狂欢节，是指每年11月11日的网络促销日，源于淘宝商城（天猫）2009年11月11日举办的网络促销活动。当时参与的商家数量和促销力度有限，但营业额远超预想的效果，于是11月11日成为天猫举办大规模促销活动的固定日期。经过十几年的发展，“双11”已成为中国电子商务行业的年度盛事，并且逐渐影响到国际电子商务行业。

2009年“双11”，淘宝销售额为0.5亿元，共有27个品牌参与。

2010年“双11”，淘宝销售额为9.36亿元，共有711家店铺参与。当天共有2100万用户参与了疯狂抢购。一天的集中抢购结束后，淘宝商城总计诞生了181家百万级店铺、11家千万级店铺。

2011年“双11”，天猫销售额为33.6亿元，天猫和淘宝总销售额为52亿元，2200家店铺参与。

2012年“双11”，天猫和淘宝总销售额为191亿元。截至2012年11月11日12:00前，支付宝无线支付的笔数已经超过400万笔，为2011年11月11日当天全部无线支付笔数的2倍。

2013年“双11”，天猫和淘宝总销售额为350亿元，超过2012年191亿元的销售总额用了13个小时。当天，支付宝交易额过百万元的手机淘宝卖家数达到76家。

2014年“双11”，天猫和淘宝总销售额为571亿元，其中移动端占比42.6%。作为阿里上市之后的第一个“双11”，13个小时就超过了2013年销售总额。

2015年“双11”，天猫和淘宝总销售额超过912亿元，其中移动端占比68%；累计物流订单4.68亿，累计电子面单生成量1.21亿；全球已成交国家/地区232个。京东公布的数据显示，11月1日至11日，总下单量过亿，与2014年同期相比增长130%，交易额同比增长超过140%，移动端下单量占比74%。

2016年“双11”，天猫和淘宝总销售额为1207亿元。开场52秒钟，淘宝系交易额超过10亿元；在15时19分13秒，交易额超过912亿元，破2015年“双11”全天交易额纪录。零点9分39秒，支付宝的支付峰值达到12万笔/秒，前10分钟里，支付宝的移动端支付笔数占比达92%。

2017年“双11”，天猫和淘宝总销售额为1682亿元。其中，无线成交额占比90%。全球消费者通过支付宝完成的支付总笔数达14.8亿笔，比2016年增长41%。全球225个国家和地区加入2017天猫“双11”全球狂欢节。

2018年“双11”，天猫和淘宝总销售额为2135亿元。

2019年“双11”，天猫和淘宝总销售额为2684亿元，超过

2018年，再次创下新纪录。[1]

……

在电子商务中，链接力主要体现在用户关系管理、合作伙伴关系建立、品牌影响力塑造三个方面。电子商务平台通过收集和分析用户的浏览、购买、搜索等行为数据，可以精准地了解用户的兴趣和需求。基于这些数据，平台可以为用户推荐相关的商品或服务，形成个性化的用户体验，从而增强链接力。链接力强的电子商务企业能够更好地与用户建立和维护关系，能够通过有效沟通，了解用户的需求，提高用户的满意度、忠诚度。许多电子商务平台都融入了社交元素，如用户评价、分享、社区讨论等。这些社交功能增加了用户与平台之间的黏性，使用户与用户之间形成了紧密的链接。用户可以通过这些社交功能分享购物体验，推荐商品，从而扩大平台的链接力。

商品链接带动经济飞速发展。在电子商务领域，企业需要与各合作伙伴建立关系，共同推动业务的发展。电子商务平台通过与供应商、物流公司等建立紧密的合作关系，形成了强大的供应链链接力。这种链接力不仅保证了商品的品质和供应稳定性，还提高了物流效率，为用户提供了更好的购物体验。例如，阿里巴巴通过电商平台，将供应商、生产商、分销商和消费者等各方紧密连接在一起，利用大数据分析和云计算等技术实时掌握市场需

[1] 2019双十一成交额“成绩单”公布——2684亿！[EB/OL].（2019-11-12）[2024-09-01].https://china.huanqiu.com/article/9CaKrnKnJpW.

求及供应链状况，帮助各方作出更正确的决策。这种数字化平台的整合，大大提高了供应链的透明度。阿里巴巴旗下的菜鸟网络通过智能调度和协同作业等方式，实现了物流资源的优化配置。菜鸟网络与众多快递公司合作，共享信息、协同作业，提高了物流效率，降低了物流成本。这种物流网络的优化，使供应链的各个环节能够更加高效地协同工作。

电子商务平台还可以与其他行业或企业进行跨界合作，拓宽其链接力的广度和深度。链接力能够帮助电子商务平台吸引新用户，增加用户与平台之间的黏性。例如，与时尚品牌合作推出联名商品，与金融机构合作提供分期付款服务等。电商平台积极与各类合作伙伴建立链接，共同打造合作伙伴生态系统，实现了资源共享、互利共赢。

2022年，电子商务的发展迎来了新的里程碑。京东年营业收入首次突破万亿元大关，不仅成功跻身《财富》世界500强榜单前50名，更在中国企业500强中列第12位，成为中国第一大民营企业。这一成绩的取得，充分展现了电子商务发展的卓越业绩、庞大规模和深远影响力。电子商务正在利用大数据、云计算、人工智能等先进技术，持续优化供应链管理水平，提升用户体验。未来，电子商务企业将继续深化物流体系建设，利用无人机、机器人等新技术，进一步提高配送效率和服务质量。同时，加强与实体店的合作，进行全面有效链接，打造线上线下的综合生态系统，为消费者提供更为便捷、舒适的购物体验。

3. 社交网络，互联网体系化的社交新链接

链接力在社交网络中发挥着至关重要的作用。它可以帮助用户扩展社交圈子，结识更多志同道合的朋友；可以促进信息的传播和共享，使用户更快地获取新闻资讯；还可以为企业和个人提供更多的商业资源，推动业务的发展和壮大。

社交网络涵盖以人类社交为核心的所有网络服务形式。社交网络源自网络社交，而网络社交的起点是电子邮件。互联网本质上就是计算机之间的联网，早期的电子邮件解决了远程邮件传输问题，至今它也是互联网上最普及的应用。从历史的维度来看，网络社交是互联网向现实世界无限靠近、链接的关键力量。

2011年微信袭来，腾讯通过微信链接并重构了互联网时代的商业模式。在移动互联网大潮席卷之下，新的链接形式已经出现。

据前瞻数据中心监测，2011年，我国网民数量达5.13亿，全年新增网民5580万，互联网普及率较上年底提升4个百分点，达到38.3%。如果说电子邮件时代是网络社交的起点，网络仅仅可以满足人们5%的社交需求，那么今天的社交网络将这个数字至少提升了10倍，除了“接触型”的社交行为，抑或“接触型”信息的收集和发布之外，社交网络承担了大部分传统社交的作用，给当今世界带来了巨大的影响。其中，手机凭借其普遍性成为社交网络的重要载体。社交网络通过网络这一载体把人们链接起来，从而形成具有某一特点的团体。

截至2018年12月，中国网民规模达8.29亿，互联网普及率达59.6%，较2017年底提升3.8个百分点，全年新增网民5653万。中国手机网民规模达8.17亿，网民通过手机接入互联网的比例高达98.6%，全年新增手机网民6433万。

截至2020年12月，中国网民规模达9.89亿，手机网民规模达9.86亿，互联网普及率达70.4%。其中，40岁以下网民超过50%，学生网民最多，占比为21.0%[1]。

截至2022年12月，中国网民规模达10.67亿，较2021年12月增长3549万，互联网普及率达75.6%[2]。

截至2024年6月，我国网民规模近11亿人（10.9967亿人），较2023年12月增长742万人[3]。

随着网民人数的不断增多，人类的链接能力也在不断提高。社交网络替代传统社交极大地满足了人类这种社交动物的交流需求，并且正在按照从“增量性的链接”到“常量性的链接”这条轨迹不断接近基本需求。

在人类历史上，大凡重要的技术革命都伴随着媒介革命，人类任何活动本质上都是信息活动，信息流的传递介质、管理方式

[1] 权威快报 | 我国网民规模达 9.89 亿 你享受过哪些网络红利 [EB/OL].(2021-02-03)[2024-09-01].http://www.xinhuanet.com/politics/2021-02/03/c_1127057425.htm?baike.

[2] 截至 2022 年 12 月 我国网民规模达 10.67 亿 [EB/OL].(2023-03-03)[2024-09-01].https://news.cctv.com/2023/03/02/ARTInke7JCeZwkMJgT0C6P93230302.shtml.

[3] 我国网民规模近 11 亿人 互联网普及率达 78.0%[EB/OL].(2024-08-29)[2024-09-01].https://content-static.cctvnews.cctv.com/snow-book/index.html.

的不同将决定人们接受信息的不同，所有有关信息流媒介的变革一定是底层的变革——社交网络也是如此。从社交网络的演进历史来看，它一直遵循“低成本替代”原则，降低人们社交的时间和物质成本，或者说是降低管理和传递信息的成本。

社交网络的出现增强了社会凝聚力，即时的沟通方式加强了人与人之间的情感联系。通过提供多样化的社交功能，社交网络使人们拥有了展示自我、分享生活、交流思想的平台，使人们能够深入地了解彼此，增进相互了解和认同。各类线上活动的举办，也为人们提供了更多参与社会生活、为社会贡献力量的机会。

社交网络在促进信息传播方面也发挥着重要作用。例如，腾讯作为社交平台，拥有庞大的用户群体，使信息能够迅速传播到各个角落。无论是时事新闻、社会热点还是娱乐八卦，用户都可以通过腾讯平台第一时间获取相关信息。

通过算法优化和个性化推荐等技术手段，社交网络平台能够根据用户的兴趣和需求，将相关信息精准地推送给用户。这种个性化的信息推送方式不仅提高了信息的传播效率，也增强了用户对信息的接受度。

社交网络还提供了丰富的互动功能，如点赞、评论、转发等，吸引用户积极参与信息的传播和讨论。这种互动式的传播方式既增加了信息的传播深度和广度，也促进了不同观点之间的交流和碰撞，有助于形成更加全面和深入的社会共识。

三、移动链接

智能手机的横空出世，使互联的发展进入了Web3.0时代（“智慧连接”网络时代）。移动端将PC端曾经触及不到的那批用户迅速链接，中国互联网用户呈井喷之势迅速增长。2024年8月，中国互联网络信息中心发布了第54次《中国互联网络发展状况统计报告》。该报告显示，截至2024年6月，我国网民规模近11亿人，较2023年12月增长742万人，互联网普及率达78%。我国智能手机的网民规模也逐年上升。我国移动互联网发展进入全民链接时代。

1. 移动互联，随时随地的社会链接

随着移动新媒体的发展，用手机便可实现移动链接，用户进入互联网的方式也越来越便捷、多样，移动客户端、微博、微信、传统的桌面弹出窗口、搜索引擎等看似杂乱无章的方式，成为人们进入互联网、获取网络信息和服务的主要入口。基于传统互联网发展起来的门户网站的境遇变得尴尬起来，过去十几年不断满足数亿用户资讯需求的门户网站不知不觉地从新媒体变成了

“旧媒体”。

移动互联网是PC互联网发展的必然产物，它将移动通信和互联网结合起来，连为一体。它是互联网的技术、平台、商业模式和应用与移动通信技术结合并实践的活动的总称。移动互联网继承了移动随时、随地、随身和互联网开放、分享、互动的优势，是一个全国性的、以宽带IP为技术核心的，可同时提供语音、传真、数据、图像、多媒体等高品质电信服务的新一代开放的电信基础网络，由运营商提供无线接入、互联网企业提供各种成熟的应用。

移动互联网正逐渐渗透到人们生活、工作的各个领域，微信、支付宝、位置服务等丰富多彩的移动互联网应用迅猛发展，正在深刻改变信息时代的社会生活。全球覆盖的网络信号，使得身处大洋和沙漠中的用户，仍可随时随地保持与世界的联系。

相对传统互联网而言，移动互联网强调可以随时随地，并且可以在高速移动的状态中接入互联网、使用应用服务。两者的主要区别：终端、接入网络以及由于终端和移动通信网络的特性所带来的独特应用。此外，还有类似的无线互联网。一般来说，移动互联网与无线互联网并不完全等同：移动互联网强调使用蜂窝移动通信网接入互联网，因此常常特指手机终端采用移动通信网接入互联网并使用互联网业务；而无线互联网强调接入互联网的方式是无线接入，除了蜂窝网外还包括各种无线接入技术。

移动互联网的相关技术总体上可以分成三大部分，即移动互联网终端技术、移动互联网通信技术和移动互联网应用技术。

移动互联网终端技术包括硬件设备的设计和智能操作系统的开发技术。无论是对于智能手机还是平板电脑来说，都需要移动操作系统的支持。在移动互联网时代，用户体验逐渐成为终端操作系统发展的至高追求。

移动互联网通信技术包括通信标准与各种协议、移动通信网络技术和中段距离无线通信技术。在过去的十年中，全球移动通信发生了巨大的变化，移动通信特别是蜂窝网络技术的迅速发展，使用户彻底摆脱了终端设备的束缚。

∝ 链接力 ∞

移动互联网应用技术包括服务器端技术、浏览器技术和移动互联网安全技术。目前，支持不同平台、操作系统的移动互联网应用很多。

移动互联网对现代社会在链接力构建方面起到了至关重要的作用。移动互联网极大地改变了人们的沟通方式。通过智能手机与社交媒体的应用，人们可以随时随地与他人保持联系，分享生活点滴。这种即时、便捷的沟通方式不仅加强了人与人之间的情感联系，还促进了信息的快速传播和共享。移动互联网还促进了社交互动和社区的形成。各种社交媒体平台为人们提供了展示自我、交流思想的场所，人们可以根据自己的兴趣爱好加入不同的社群，与志同道合的人一起分享、讨论、学习和工作。这种社交互动不仅增强了人们的归属感和认同感，还促进了知识的传播和创新。

随着智能手机的快速普及和移动互联网技术的飞速发展，人们越来越依赖于手机进行日常活动，这为移动支付提供了广阔的市场和发展空间。消费者对便捷、高效的消费方式的需求日益强烈，而传统的支付方式已不能满足他们的需求，移动支付作为一种新型支付方式，正好迎合了这一趋势。金融科技的快速发展为移动支付提供了强大的技术支持。通过大数据、人工智能等技术的应用，移动支付不仅提高了交易效率，还为用户提供了更加个性化的服务。

支付宝和微信作为两大移动支付巨头，在推动移动支付普及和发展方面发挥了巨大的作用。支付宝和微信通过提供便捷、安全的移动支付服务，大大降低了用户的使用门槛，推动了移动支付的普及。特别是在我国，其用户基数庞大，几乎覆盖整个智能手机用户群体，使得移动支付成为人们日常生活中不可或缺的一部分。同时，支付宝和微信也在不断推出新的支付方式，如扫码支付、近场通信（Near Field Communication，NFC）支付、生物识别支付（如刷脸支付、指纹支付）等，丰富了用户的支付选择，提高了支付的便捷性和安全性。

支付宝和微信不仅仅是支付工具，更是一种综合性的生态系统。它们通过整合各种服务，如转账、理财、生活缴费、电商等，为用户提供了一站式的服务体验。例如，支付宝除了提供支付功能以外，还整合了众多服务，如余额宝、蚂蚁理财、蚂蚁保险、生活缴费等，用户可以在这一个平台上完成多种金融和生活需求。同时，它还与大量商家合作，提供优惠活动、积分奖励等鼓励用户使用支付宝进行支付，通过收集用户的支付和行为数据，进行深度分析，为用户提供个性化的推荐和服务，后来又推出如刷脸支付、AR红包等新的支付和金融科技产品，这种精准的服务不仅满足了用户的需求，也为支付宝的后续发展提供了丰富的数据支撑。微信将社交与支付紧密结合，用户可以在聊天过程中直接进行转账、发红包等支付行为。这种社交属性使得微信支付更加便捷和有趣。微信红包作为一种独特的营销方式，不仅增加了用户与微信的互动，也鼓励用户在更多场景下使用微信支付。除了使用移动支付直接提升链接力，微信还通过公众号和小程序等营销方式间接提升用户黏性与活跃度。公众号为商家提供了与用户互动的平台，推出微信的定制服务——企业微信，为企业提供了与员工、客户沟通的平台。

移动支付平台通过提供便捷、安全的支付服务，以及丰富的附加功能，如理财、转账、生活缴费等，与用户建立起紧密的链接。这种链接力不仅提高了用户的黏性和活跃度，还使得用户更加依赖移动支付平台，从而促进了平台的持续发展和创新。移动支付平台通过链接力，与众多商家建立起合作关系，共同构建一个庞大的商业生态系统。商家可以通过移动支付平台吸引更多的消费者，提高销售额和客户满意度；而移动支付平台则可以通过与商家的合作，扩大服务范围，提高用户黏性，实现共赢。

通过智能手机和互联网应用，人们可以轻松地建立和维护各种关系，包括亲情、友情、爱情等。这种链接力的构建不仅加强了人与人之间的情感联系，也促进了社会的和谐。同时，移动互联网还推动了商业交易、文化传承、教育改革等多个领域的发展，在移动支付领域产生了巨大的链接力。移动支付平台与其用户、商家以及更广泛的经济社会系统之间建立起了紧密联系，增强了互动能力。这种链接力不仅影响着移动支付平台自身的发展，还在更广泛的层面上促进了经济社会的变革与进步。

2. “互联网 +”，深度融合的行业链接

在信息时代，“互联网+”推动经济形态不断地发生演变，从而激活社会经济实体的生命力，为改革、创新、发展提供广阔的网络平台。通俗地说，“互联网+”就是“互联网+各个传统行业”。这里不是两者简单相加，而是利用信息通信技术及互联网平台，让互联网与传统行业进行深度融合，创造新的发展生态。它代表一种新的社会形态，即充分发挥互联网在社会资源配置中的优化和集成作用，将互联网的创新成果深度融合于经济、社会各领域之中，提升全社会的创新力和生产力，形成更广泛的以互联网为基础设施和实现工具的经济发展新形态。

“互联网+”代表着一种新的经济形态，它指的是依托互联网信息技术实现互联网与传统产业的联合，以优化生产要素、更新业务体系、重构商业模式等途径来完成经济转型和升级。“互联网+”行动的目的在于充分发挥互联网的优势，将互联网与传统产业深入融合，以产业升级提高经济生产力，最后实现社会财富的增加。

“互联网+”不仅是一个技术趋势，更是一个链接万物的平台。它为链接力的生成和增长提供了前所未有的机会和工具，使得个体、企业、服务、设备等能够以前所未有的方式相互连接。在“互联网+”时代，链接力成为一种核心竞争力。

“互联网+”概念的中心词是“互联网”，它是“互联网+”

计划的出发点。“互联网+”行动具体可分为两个方面的内容来表述。一方面，可以将“互联网+”概念中的文字“互联网”与符号“+”分开理解。符号“+”意为加号，即代表着添加与链接。这表明了“互联网+”行动的应用范围为互联网与其他传统产业，它是针对不同产业间发展的一项新行动，应用手段则是通过互联网与传统产业进行联合和深入融合的方式进行。另一方面，“互联网+”作为一个整体概念，其深层意义是通过传统产业的互联网化完成产业升级。互联网通过将开放、平等、互动等网络特性在传统产业的运用，通过大数据的分析与整合，试图厘清供求关系，通过改造传统产业的生产方式、产业结构等来增强经济发展动力、提升效益，从而促进国民经济健康有序发展。

2014年11月，首届世界互联网大会提出，互联网是“大众创业、万众创新”的新工具。其中，“大众创业、万众创新”正是2014年政府工作报告中的重要主题，被称作中国经济提质增效升级的“新引擎”，可见其重要作用。

2015年3月5日，“互联网+”一词首次被写入政府工作报告：“制定‘互联网+’行动计划，推动移动互联网、云计算、大数据、物联网等与现代制造业结合，促进电子商务、工业互联网和互联网金融健康发展，引导互联网企业拓展国际市场。”

2015年7月4日，国务院印发《关于积极推进“互联网+”行动的指导意见》。这是推动互联网由消费领域向生产领域拓展，加速提高产业发展水平，增强各行业创新能力，构筑经济社会发展新优势和新动能的重要举措。

“互联网+”是跨界链接。“+”是链接，是变革，是开放，是重塑融合。敢于跨界链接了，创新的基础就更坚实；融合协同了，群体智能才会实现，从研发到产业化的路径才会更垂直。

“互联网+”重塑链接结构。信息革命和全球化的发展，互联网业已打破原有的社会结构、经济结构、地缘结构、文化结构，议事规则、话语权在不断发生变化。关于“互联网+”，构建了新的生态是非常重要的特征，而生态的本身就是开放的。推进“互联网+”，其中一个重要的方向就是要把过去制约创新的环节化解掉，把孤岛式创新连接起来，让研发由市场驱动，让创业并努力者有机会实现价值。

“互联网+”链接一切。链接是有层次的、有差异的，不同的链接的价值是相差很大的，“互联网+”的本质是跨界融合。“互联网+”中重要的一点是催生新的经济形态，并为“大众创业、万众创新”提供环境。“互联网+”是对新一代信息技术与创新相互作用、共同演化，推进经济社会发展新形态的高度概括。

“互联网+”是中国工业和信息化深度融合链接的成果与标志，也是进一步促进信息消费的重要抓手。《“互联网+”行动指导意见》明确了推进“互联网+”的11项具体行动，分别是“互联网+”创业创新、“互联网+”协同制造、“互联网+”现代农业、“互联网+”智慧能源、“互联网+”普惠金融、“互联网+”益民服务、“互联网+”高效物流、“互联网+”电子商务、“互联网+”便捷交通、“互联网+”绿色生态、“互联网+”人工智能。“互联网+”为经济发展提供了新引擎。

3. 短视频直播，分享经济的新链接

互联网也为人们提供了多样化的信息分享途径。通过社交平台，人们可以将自己获取的信息迅速分享给朋友、同事或更广泛的群体。通过新闻媒体、博客、论坛、短视频、直播等渠道，人们可以将自己的观点、见解和创意传达给更多的人。这种高效的信息分享方式，不仅促进了知识的传播和交流，也加强了人与人之间的联系和互动。而这种快速的信息获取与分享方式，正是链接力得以迅速提升的关键所在。通过不断地获取和分享信息，人们能够不断拓宽自己的知识边界，增强自己的认知能力和判断力。同时，通过与他人进行深入的交流和讨论，人们可以建立更加紧密、稳固的关系网络，从而提升自己的链接力。

链接力在新媒体中扮演着至关重要的角色，它不仅促进了用户与内容的连接和互动，还推动了信息的传播和扩散，实现了内容的推荐与发现，以及商业变现与价值创造。新媒体平台通过链接力将用户与内容相链接，使得用户可以轻松访问、分享和互动。这种链接不仅提高了用户的参与度和活跃度，还促进了用户之间的社交互动，从而增强了用户对平台的忠诚度和黏性。链接力在新媒体中发挥着信息传播和扩散的关键作用。通过链接，信

息可以迅速传播到各个角落，覆盖更广泛的受众群体。同时，链接还可以帮助信息在不同平台之间进行共享和互通，进一步扩大了信息的传播范围和影响力。新媒体平台通过链接力将相关内容进行关联和推荐，帮助用户发现更多感兴趣的内容。这种个性化推荐不仅提高了用户的满意度和体验感，还促进了平台内容的多样性和丰富性。通过链接，新媒体平台可以将用户与商业资源进行有效适配，实现精准营销和广告推送。同时，链接还可以促进线上线下业务的融合和互通，为商家创造更多的商业价值和机会。

短视频是新媒体的璀璨明星，它以其独特的魅力，迅速占领了新媒体市场。从搞笑、舞蹈、美食到教育、科技等领域，短视频的内容和形式不断创新，满足了不同用户的兴趣和需求。创作者通过短视频平台，展示了自己的才华和创意，为观众带来了丰富多样的视觉盛宴。在年轻人群体中，短视频已成为一种主流的娱乐方式，他们不仅观看短视频，还积极参与创作和分享，形成了庞大的短视频社区。高清、流畅的视频体验为用户带来了更好的观看感受。同时，人工智能、大数据等技术的发展与应用也为短视频的推荐和个性化服务提供了有力支持。

直播是新媒体的实时互动新宠。直播以其实时互动的特点，吸引了大量用户的关注。观众可以通过弹幕、点赞、送礼物等方式与主播进行实时互动，表达自己的观点和情感。这种实时互动不仅增强了用户的参与感，还为主播和观众建立了深厚的情感链接。直播的内容和形式丰富多样，涵盖了游戏、才艺、生活分享等多个领域，用户可以根据自己的兴趣和喜好选择观看的直播内容。同时，直播平台也利用大数据和人工智能技术，根据用户的观看历史和喜好进行个性化推荐，提高用户的满意度和体验。作为一种新兴的商业模式，直播为创作者和商家提供了变现的机会。通过直播带货、广告植入等方式，创作者和商家可以实现商业变现与价值创造，也为品牌营销和市场推广提供了新的渠道与方式。通过直播，品牌可以更加直观地展示产品特点和优势，吸引更多用户的关注和购买。

新媒体通过提供互动平台、个性化推荐与内容关联、建立社区与用户分享以及促进线上线下融合等方式，促进了链接力的形成。新媒体平台，如社交媒体、短视频应用、直播平台等，为用户提供了与内容进行互动的机会。用户可以通过评论、点赞、分享、私信等方式与其他用户或内容创作者进行互动，从而建立起联系和链接。新媒体平台利用大数据和人工智能技术，根据用户的兴趣、行为和喜好进行个性化推荐。通过将相关内容进行关联和推荐，平台可以帮助用户发现更多感兴趣的内容，从而建立起新的链接。这种个性化推荐不仅提高了用户的满意度和体验，还促进了平台内容的多样性和丰富性。通过建立社区和用户分享机制，鼓励用户分享自己的见解、经验和观点。这种分享不仅促进了用户之间的交流和互动，还帮助用户建立起新的链接。同时，社区的存在也为用户提供了一个归属感和认同感，使他们更愿意参与和分享。新媒体平台通过线上线下融合的方式，为用户提供更加多元化的互动和链接机会。例如，通过举办线下活动、线上直播等方式，平台可以使线上用户与线下活动建立起更紧密的链接关系。这种线上线下融合的方式不仅丰富了用户的互动体验，还促进了新媒体平台的发展和创新。这些链接不仅增强了用户的参与感和归属感，还促进了信息的传播和扩散，为新媒体平台的发展和创新提供了有力支持。

在传统经济模式下，资源配置效率相对较低，难以满足企业不断发展和变化的需求。然而，随着互联网的深入发展，这一局面得到了根本性的改变。互联网通过云计算、大数据等先进技术，打破了传统资源配置的壁垒。企业可以利用这些技术，对海量数据进行深度挖掘和分析，从而更加精准地掌握市场动态、消费者需求以及资源分布等信息。基于这些信息，企业可以更加科学地进行决策，实现资源的优化配置。例如，通过大数据分析，企业可以准确了解消费者的购买偏好、行为习惯等信息，从而精准地推出符合市场需求的产品和服务。同时，企业还可以利用云计算等技术，实现跨地域、跨行业的资源共享和协同，进一步提高资源配置效率。这种资源的优化配置，不仅提高了企业的运营效率和市场竞争力，更为链接力的提升提供了有力的支持。通过更加精准地找到所需的资源，企业可以更加高效地与供应商、合作伙伴等建立稳固的链接关系，拓展自己的业务网络。同时，资源的优化配置还有助于企业提升创新能力，推动产品和服务的升级换代，从而吸引更多的用户和合作伙伴，进一步增强链接力。

∝ 第三章 ∞

产业链接力

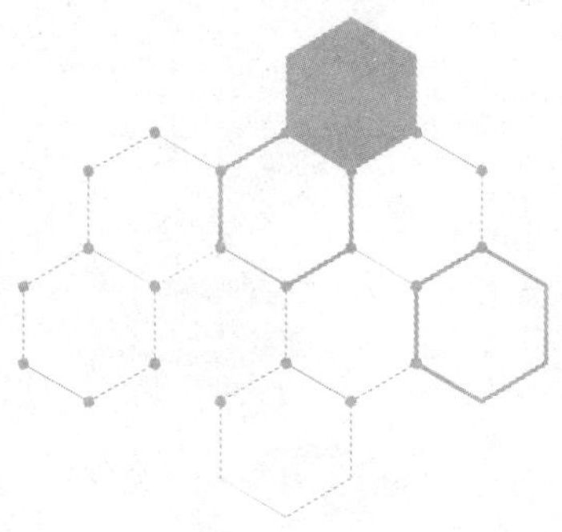

产业之间基于一定的技术经济关联会产生产业链接力。产业之间依据特定的逻辑关系和时空布局关系客观形成的链条式关联关系形态形成产业链。产业链是产业经济学中的一个概念，包含价值链、企业链、供需链和空间链四个维度的概念。这四个维度在相互对接的均衡过程中形成了产业链，这种“对接机制”就是产业之间的链接力，是产业链形成的内在模式，作为一种客观规律，它像一只“无形之手”调控着产业链的形成。产业链的本质是用于描述一个具有某种内在联系的企业群结构，它是一个相对宏观的概念，存在两维属性：结构属性和价值属性。产业链中大量存在着上下游关系和相互价值的交换，上游环节向下游环节输送产品或服务，下游环节向上游环节反馈信息。

一、产业链

产业是社会分工的产物，它随着社会分工的产生而产生，并随着社会分工的发展而发展。产业链是产业集聚的形态，是不同产业领域的大中小企业集中在同一个地理空间。比如，一些工业园区、经济技术开发区通过招商引资吸引众多的劳动密集型企业、先进生产制造企业集聚园区。这种产业集聚在促进地方经济当期发展并为今后产业的发展壮大和产业集群的形成起到了重要的支撑作用。

1. 产业分工和层次形成产业链

为适应产业经济学的各个领域在进行产业分析时的不同目的的需要，可将产业划分成若干层次，这就是产业集聚的阶段性。具体地说，产业在产业经济学中有三个层次。

第一层次是以同一商品市场为单位划分的产业，即产业组织。现实中的企业关系结构在不同产业中是不相同的。产业内的企业关系结构对该产业的经济效益有极其重要的影响，要实现某一产业的最佳经济效益必须使该产业符合两个条件：首先，该产业内的企业关系结构的性质使该产业内的企业有足够的改善经营、提高技术、降低成本的压力；其次，充分利用规模经济使该企业的单位成本最低。

第二层次是以技术和工艺的相似性为根据划分的产业，即产业联系。一个国家在一定时期内所进行的社会再生产过程中，各个产业部门通过一定的经济技术关系发生着投入和产出，即中间产品的运动，它真实地反映了社会再生产过程中的比例关系及变化规律。

第三层次是大致以经济活动的阶段为根据，将国民经济划分为若干大部分所形成的产业，即产业结构。

产业之间的链接力是指不同产业之间的相互关联和互动能力。这种链接力可以促进产业之间的协同发展和优化资源配置，提高整个经济系统的效率和竞争力。

产业之间的链接力主要体现在以下几个方面。

一是供应链链接。不同产业之间通过供应链相互关联，形成上下游关系。上游产业提供原材料、零部件等给下游产业，下游产业则将这些原材料加工成最终产品。这种供应链链接可以确保产业之间的顺畅运作，提高整个供应链的效率和灵活性。

二是技术创新链接。不同产业之间可以通过技术创新相互关联。一个产业的技术进步可能会引发另一个产业的创新和发展。例如，信息技术的发展推动了制造业的数字化转型，提高了生产效率和产品质量。

三是市场需求链接。不同产业之间的市场需求相互关联。一个产业的发展可能会带动另一个产业的市场需求增长。例如，随着消费者对高品质产品和服务的需求增加，高端制造业和服务业得到了快速发展。

四是政策环境链接。政府政策对产业之间的链接力也有重要影响。政府可以通过制定产业政策、税收优惠等措施来促进产业之间的协同发展，提高整个经济系统的竞争力。

产业之间的链接力对于实现经济结构调整、促进产业升级和转型具有重要意义。加强产业之间的链接力，可以促进资源的优化配置、提高生产效率、推动创新和发展，从而实现经济的可持续发展。

链接力在现代商业环境中是指企业或组织利用信息技术、网络平台、合作伙伴关系以及跨界合作等方式，有效连接和协调内外部资源、市场、人才及信息的能力。这种能力不仅仅是物理或数字的连接，更是一种战略性的资源整合与协同力量，对于提升企业的竞争力、创新力和响应市场变化的速度具有至关重要的意义。

在经济发展的浪潮中，产业链作为连接各个产业环节、推动经济整体发展的重要纽带，其稳定性和高效性对于经济结构的优化具有至关重要的作用。特别是在产业结构调整的大背景下，链接力作为产业链中的关键要素，更是发挥了不可替代的作用。链接力是产业链中各个环节之间相互作用、相互影响的力量。它既是产业链稳定性的保障，也是产业链高效运转的推动力。链接力的强弱，直接影响着产业链的整体竞争力和抗风险能力。

我国已经在众多领域里构建了完整的产业链。以光伏产业为例，光伏产业作为新能源领域的重要组成部分，近年来发展迅速，产业链也日益完善。从上游的原材料供应，到中游的组装制造，再到下游的系统集成和应用，光伏产业链涵盖了多个环节（如下图所示）。

光伏产业链全景图

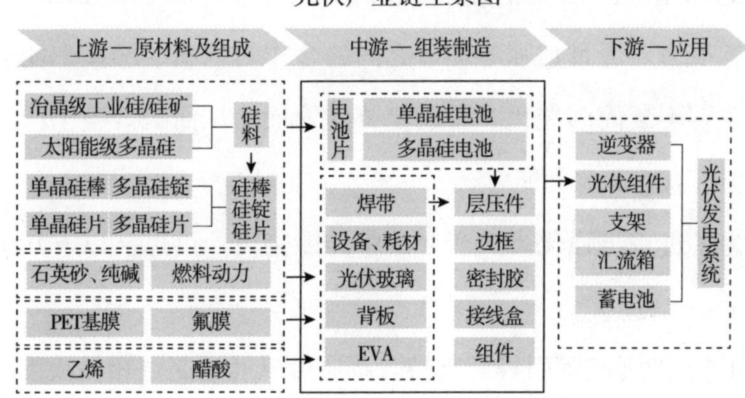

随着光伏产业的快速发展，产业链也面临着一些挑战。一方面，市场需求的不断变化和技术的快速更新，要求产业链各环节必须保持高度的灵活性和适应性；另一方面，产业链中的各环节之间存在着一定的利益冲突和协调难题，需要更强的链接力来保障产业链的稳定性和高效性。

链接力在光伏产业链中主要有以下作用。

（1）保障产业链的稳定性。在光伏产业链中，链接力通过加强各环节之间的合作与协调，有效保障了产业链的稳定性。当市场需求或技术环境发生变化时，链接力能够促使各环节及时调整策略，共同应对挑战，从而避免产业链出现断裂或失衡的情况。

（2）**提升产业链的高效性**。链接力通过优化资源配置、提高信息传递效率等方式，提升了光伏产业链的高效性。在链接力的作用下，各环节之间的供需关系更加紧密，信息传递更加迅速，从而有效降低了交易成本，提高了整个产业链的运行效率。

（3）**增强产业链的竞争力**。强大的链接力能够增强光伏产业链的竞争力。通过加强各环节之间的合作与创新，链接力能够推动产业链不断向高端化、智能化方向发展，从而提升整个产业链的市场占有率和盈利能力。

为了进一步强化光伏产业链中的链接力，可以从以下几个方面入手。

（1）**加强政策引导与支持**。政府可以通过制订相关政策和规划，引导光伏产业链各环节之间的合作与发展。同时，还可以提供财政补贴、税收优惠等支持措施，降低企业的运营成本，增强其发展动力。

（2）**推动技术创新与升级**。技术创新是提升光伏产业链链接力的重要途径。通过加大研发投入，推动关键技术的突破和升级，可以有效提高产业链各环节之间的技术关联度和互补性，从而增强链接力。

（3）**优化产业链布局与结构**。合理的产业链布局和结构对于提升链接力具有重要作用。可以通过优化产业链上下游环节的配置和比例，提高产业链的协同效应和整体竞争力。同时，积极培育新兴产业环节，为产业链注入新的活力。

（4）加强企业间的合作与交流。作为产业链的主体，企业之间的合作与交流对于提升链接力至关重要。可以通过组织企业间的交流会、研讨会等活动，促进信息共享，增强企业间的合作意愿。

链接力不仅保障了产业链的稳定性和高效性，还提升了整个产业链的竞争力。为了进一步强化光伏产业链中的链接力，人们需要从政策引导、技术创新、产业链布局以及企业合作等多个方面入手，共同推动光伏产业的持续健康发展。随着全球能源结构的转型和新能源市场的不断扩大，光伏产业将迎来更加广阔的发展前景。而在这个过程中，链接力将继续发挥不可替代的作用，推动光伏产业链不断向更高水平迈进。

通过强大的链接力，企业能够跨越地域限制，快速获取并调配所需资源，包括原材料、技术、资金和人才，实现全球范围内的最优资源配置。链接力帮助企业拓宽市场边界，通过数字化渠道和合作伙伴网络迅速触达新客户群体，增强品牌影响力和市场份额。在供应链管理中，强大的链接力可以实现上下游企业之间的无缝对接，提高供应链的透明度、灵活性和响应速度，降低运营成本，提高整体效率。链接不同的行业、技术和知识体系，促进跨界合作与创新，为企业带来新产品、新服务及商业模式的创新灵感，保持竞争优势。广泛的链接网络使企业能更好地识别和应对市场风险，通过多元化合作伙伴和市场渠道分散风险，提高抵御外部冲击的能力。在信息爆炸的时代，链接力有助于企业快速获取市场动态、消费者行为等关键信息，促进内部知识的积累与外部智慧的融合，支撑决策优化。

2. 构建产业链共生发展生态

增强产业链供应链自主可控能力关键在于产业链各主体及环节之间衔接紧密，形成完善的产业链共生发展生态。产业链共生发展生态是由产业链各主体、支撑产业链运行的各要素，以及外部环境等构成的产业链赖以生存和发展的有机系统。围绕其内涵，赛迪研究院规划研究所从企业联动、空间布局、创新协同、价值升级四个层面系统提出了构建我国产业链共生发展生态的建议。

（1）企业联动。培育一批具有生态主导力的产业链“链主”企业，完善供应商长期合作机制，建立产业链大中小企业长期稳定的协作关系，持续壮大产业链实施主体。

充分发挥企业主体地位，促进大中小企业联动发展是构建产业链共生发展生态的核心任务。大力培育一批具有生态主导力和核心竞争力的产业链“链主”企业，充分发挥强大的带动和辐射作用。

一是以龙头企业为依托，充分整合外部优势资源，集中精力发展产业链核心环节，支持企业做优做强。鼓励优质企业聚焦新一代信息技术、新能源、新材料、云计算、人工智能等前沿领域，加快攻克一批具有自主知识产权的标志性核心技术，抢占未来发展的战略制高点，向世界一流企业迈进。

二是充分发挥"链主"企业强大的带动能力和对产业链的整合能力，引领和带动上下游中小企业发展，增强产业链韧性。例如，在2020年疫情防控期间，为推动产业链联动复工复产，工业和信息化部梳理了重点产业链中92家龙头企业，共带动上下游40余万家中小企业"链式"复工，取得较好成效。

（2）空间布局。打造一批先进制造业集群，缩短供应链距离，促进产业链上中下游高度协同，优化产业链共生发展生态环境。

产业链空间布局是由空间比较优势和空间交易成本均衡决定的。从产业链上中下游纵向一体化来看，全球产业链供应链布局原则，将由过去基于效率优先转向兼顾效率与安全，寻求区域化或本土化布局缩短供应链距离将成为未来的长期趋势。

从产业链配套横向一体化来看，产业链区域化集聚将成为完善产业链共生发展生态的重要载体。以特色产业基地和高新园区为依托，打造一批先进制造业集群，吸引产业链各个环节集聚，大大缩短供应链距离，产业链各环节之间的衔接也将更加紧密，进而提高产业的本土根植性，形成良好的生态黏性。

（3）创新协同。构建“政产学研用”一体化，健全创新协同机制，围绕锻造产业链“长板”和突破产业链“短板”，不断激发产业链发展的动力源泉。

推动创新协同是激发产业链发展动能的内在要求。当前，我国亟须增强产业链创新协同能力，建立“政产学研用”合作的良性运行机制，聚焦重点方向，形成融合创新、协同攻关的合力。

一是聚焦优势领域，加快锻造若干“撒手锏”式的产业链长板。在5G、稀土、通信设备、纺织、家电等优势领域，遴选一批具有核心竞争力的产品与技术，持续增强创新资源投入、重点培育，促其尽快发展壮大，占据产业竞争制高点，形成量级式领先，关键时刻形成战略威慑效应。

二是聚焦关键环节，努力突破若干关键技术的痛点、堵点、难点。对攸关我国国防安全、国计民生等重要领域的产业链供应链关键核心环节存在的短板，要集中优势资源、以高效创新协同方式开展联合攻关。

（4）价值升级。以数字化转型为契机，提高产业链运行效率，引领产业链全面迈向高端化，实现价值升级的核心目标。推动产业链价值增值、向价值链高端迈进，是提高我国产业链供应链现代化水平的核心目标，也是完善我国产业链共生发展生态的根本要求。

一是以数字化武装产业链各环节，提高从研发、制造直至最终消费等价值链不同环节的数字化水平，打造数字化供应链。

二是向产业链上游研发设计环节和下游销售服务环节延伸，培育以设计、研发、营销、服务为核心竞争力的新优势，实现价值升级。

3. 产业链接力的辩证思考

（1）质、量与度。任何事物都是质和量的统一体。

质是一事物成为它自身并区别于其他事物的规定性。事物质的规定性是由事物内部矛盾的特殊性所决定的。质和事物的存在是直接同一的。事物总是具有一定质的事物，丧失了自己的质，它就不再是自身而变成其他事物；质也总是属于一定事物的质，质不能脱离事物而独立存在。质和事物的不可分离，既表明了事物的确定性，又表明了质的客观实在性。事物的质是通过属性表现出来的，属性是一物和他物在相互联系中表现出来的质。认识质是认识和实践的起点和基础。只有认识质，才能区别事物。区别是制定政策的基础，没有区别就没有政策。蓄意抹杀和混淆事物质的区别，是诡辩论的一个特征。

量是事物存在和发展的规模、程度、速度，以及它的构成成分在空间上排列组合等可以用数量表示的规定性。量和事物是不可分离的，但量和事物的存在不是直接同一的，在一定范围内，量的增减不影响事物的存在。认识量的意义，一是认识事物的量是认识质的深化和精确化。区分质是认识量的前提，考察量是认识质的深化。只有精确地认识量，才能更深刻地把握质。二是只有正确了解事物的量，才能正确估计事物在实践中的地位和作用，因为同质的事物由于数量不同，在实践中的地位和作用往往不同。做任何事情，既要有质的要求，又要有量的要求，做到心中有数。

质和量的统一为度。度是事物保持自己质和量的范围、幅度与限度。它的极限叫关节点，超出了关节点，事物就形成了新的质量统一。认识度才能确切地把握事物的质，不致混淆不同的事物；认识度才能为实践活动提供正确的准则，即适度原则，防止“过”或“不及”。当然，也不能把“度”绝对化。

由于任何事物都是质和量的统一体，因而事物的变化表现为量变和质变两种运动状态。量变是事物数量的增减或场所的变更，是一种渐进的、不显著的变化。质变是事物根本性质的变化，是一种质态向另一种质态的飞跃，是渐进过程的中断。区分量变和质变的根本标志是事物的变化是否超出度，在度的范围内的变化是量变，超出度的变化是质变。

（2）**量变与质变**。事物发展中的量变和质变及其相互转化。

事物的发展是通过量变与质变的辩证关系展开的，因此要深入理解发展，就要懂得事物的量变与质变的关系。事物的发展总是由量变到质变，再到新的量变和新的质变，由此不断前进。

量变即量的变化，是事物在数量上增减，场所的变更，或者是其成分排列组合的变化。它是一种逐渐的、不显著的变化，是在度的范围内的延续或渐进，而不是根本性质的变革。统一、相持、平衡和相对静止状态是事物量变状态的表现。

质变即质的变化，是事物由一种质态向另一种质态的突变或飞跃。它是一种显著的变化，是原有度的范围内量变的中断，是根本性质的变化。统一物的分解、静止的破坏，是事物质变状态的表现。

量变和质变的相互转化量变和质变是对立统一的关系。具体来说，它包括以下几层含义。

第一，量变和质变是相互作用、相互依存的。量变是质变的必要准备，量变在前，质变在后，事物不通过量的积累和变化，就不会发生质变；质变是量变的必然结果，量的积累达到一定的限度就必然发生质的变化。

第二，量变与质变是相互转化的。质变打破了旧质对事物的量的限制，巩固了量变的成果，促成了新质的产生。在此基础上，事物开始新的量变。新的量变超出度的限度，就会发生新的质变。事物的发展就是一个由量变到质变、由质变到量变的循环往复的过程。事物经过这一过程不断由低级向高级发展。

第三，量变与质变的关系具有复杂性，它表现为总的量变过程中包含部分质变；质变过程中包含量的特征。

量变与质变的辩证关系的原理对于实际工作有重大的指导意义。第一，量变和质变的辩证关系告诉人们，既要有远大的目标，又要有求实精神，要把远大目标与求实精神结合起来。第二，量变与质变的辩证关系是反对“激变论”和庸俗进化论的有力武器。“激变论”只承认质变而否认量变，庸俗进化论只承认量变而否认质变，它们共同的特点在于割裂量变与质变的辩证关系。

（3）产业链接力所带来的量变和质变。事物的质变源于事物的内部矛盾运动。当事物的内部矛盾斗争激化，使基本矛盾双方主次地位发生根本变化，原来处于被支配地位的非主要矛盾方面上升为决定事物性质的主要方面时，该事物就转化为另一个不同质的事物。事物的质变瓦解了事物原有的质量统一体，破坏了事物的相对静止状态，突破了事物原有的度，从而呈现出显著的、迅速的和剧烈的变化。

质变在事物发展中具有重要地位。质变是事物发展的决定性环节，是造成世界上千差万别的事物及其丰富个性的根据。产业链就是要通过产业链接力，进行产业的整合、重组、升级以达到质变的过程。

质变的基本形式主要有两种。第一种是爆发式飞跃，这一类的质变通常是对抗性矛盾的质变，是矛盾双方发生剧烈冲突，导致以外部对抗形式实现的飞跃。第二种是非爆发式的飞跃，这一类的质变通常是非对抗性矛盾的质变，旧事物向新事物转化没有发生剧烈的外部冲突，而是通过新质要素的逐渐积累、旧质要素的逐渐灭亡来实现的。

量变引起质变的表现形式是多样的，链接力在产业中所起的作用，概括起来大致可以分为两类情况。

一是产业不断链接形成了要素数量的增减引起质变。事物要素的增加或减少，达到一定的程度，即突破度的界限，就会引起事物的质变。

二是产业要素的空间排列次序和结构形式的变化引起质变。例如，化学上的同素异构体，尽管元素相同，但是由于结构不同而具有不同的性质。

在许多比较复杂的事物的量变中，这两种形式往往不是单独存在，而是同时发生、相互交织在一起的。事物发展的过程总是会经由量变和质变两种状态。

产业在一起还会形成化学反应。不同的产业组合可能会形成不同的化学反应。化学反应是指分子破裂成原子，原子重新排列组合生成新分子的过程。在反应中常伴有发光、发热、变色、生成沉淀物等，判断一个反应是否为化学反应的依据是反应是否生成新的分子。链接力通过物理变化达到质变，链接力把产业通过量变达到质变，链接力让产业结构的变化达到质变，链接力把让不同的企业重新链接达到化学反应。

二、产业集群

产业链接力的实现需要各环节之间的紧密配合和协作，包括原材料供应、生产制造、技术研发、市场营销等方面。同时，也需要政府、企业和社会各方面的支持和配合，共同推动产业链的健康发展。随着经济的进一步发展，各地产生了一批细分龙头企业和上下游相关中小企业，围绕“1+N”，把上下游配套企业集聚在同一个地理空间，形成了产业集群，是产业链2.0。比如，最典型的是汽车、生物医药、电子信息等领域的龙头企业建立的产业集群。其特征是通过契约关系形成相对高效的产业链条，从而通过该龙头企业带动产业集群的竞争力，引领地方经济结构的进一步升级。

1. 链接力实现产业链整合

产业链接力指的是产业链中各环节之间的协同合作和整合能力。这种能力可以促进产业链的优化和升级，提高产业的整体竞争力和可持续发展能力。产业集群发展规划是产业链有效整合，通过确立产业链环节中的某个主导企业调整、优化相关企业关系使其协同行动，提高整个产业链的运作效能，最终提升企业竞争优势的过程。产业链整合发展具有降低成本、创新技术、开拓市场、扩张规模、提高效益、实现可持续发展的强大竞争优势，同时它还是发展区域经济、促进产业转型的重要形式。

在实现产业链接力的过程中，需要注重以下几个方面：建立完善的产业链协作机制，促进各环节之间的信息共享和合作；加强技术研发和创新，提高产业链的整体技术水平和竞争力；优化产业布局和资源配置，促进产业链的协调发展；加强与国内外相关产业的合作和交流，拓宽产业链的发展空间。通过加强产业链接力，可以促进产业链的健康发展，提高产业的整体竞争力和可持续发展能力，为经济发展和社会进步作出更大的贡献。

国际化商业模式，又称产业链整合商业模式，指的是对国内外上下游资源整合、产业整合的能力。国际化的大公司大多数都是利用金融杠杆的力量，通过资源配置，提升公司价值，这就叫作产业链整合。

产业链整合商业模式能以更高的效率覆盖整个产业链，整合从产品设计、仓储运输、原材料采购到订单处理、批发经营和终端零售的全产业链条，从而在市场整体竞争中和与消费者互动上取得主动以及领先地位，形成战略竞争优势。

产业链整合商业模式降低了企业交易成本，把企业上游的原材料生产、中游的深加工、下游的零售终端全部掌握在自己的手里，所以拥有极强的抗风险能力，在产业链的某一端、某一环节出现风险的时候，可以靠全产业链的整体效能抵抗风险，获得利润。

全产业链整合，不只是单一产业的上下游全产业链整合，更重要的是在产业链与产业链之间实现整合，即使在某一产业出现问题，也会在其他产业上实现企业存续的目标。对此，建设思路如下。

一是整合上游。拥有了终端、渠道和消费者后，就可以整合上游了，要求上游按照企业的要求来生产。

二是并购中游。可以找机会把跟自己做差不多事情的人并购掉。这就整合了产业链的上游、中游和下游。

三是帮扶下游。任何行业的产业链的下游都可以叫作终端，也就是离消费者最近的那个部分。

近年来，新能源汽车市场发展迅速，从政策驱动转向市场驱动，产销两旺，渗透率不断提升。新能源汽车产业链上游为核心零部件，包括动力电池、电机及电控系统等；中游为整车制造，涵盖多种新能源汽车类型；下游为汽车服务，包括充换电服务和汽车后市场等。产业链各环节协同发展，共同推动新能源汽车产业的进步。随着技术的不断创新和市场的不断扩大，新能源汽车产业将迎来更加广阔的发展前景。

2. 链接力是产业循环的关键

产业循环是指经济活动中各个产业部门之间相互依赖、相互作用的过程，它构成了市场经济的核心动态机制。这一循环不仅涉及产品从生产到消费的全过程，还涵盖资金的流通、信息的传递以及资源的再分配等多个维度。产业循环的顺畅与否直接影响经济增长的质量高低与稳定性，对于促进就业、提高生活水平、实现可持续发展具有不可估量的重要性。

产业循环，作为宏观经济运行的脉动，可以划分为四个经典阶段——复苏、扩张、衰退与萧条。这四个阶段构成了市场经济周期的动态画卷。这一循环不仅是市场经济自我调节的自然结果，也是全球化时代下各国经济相互依存、共振的体现。下面对各阶段特征及其在经济全球化背景下的新面貌进行剖析。

在复苏阶段，市场逐渐从萧条的寒意中回暖。此时，政府的刺激政策与消费者信心的恢复共同作用，推动市场需求缓慢回升。企业感知到市场信号，开始增加投资，尤其是加大了对新技术和创新项目的投资，以期抓住经济上行的先机。在经济全球化的环境下，跨国资本流动加速，国际市场需求的联动性增强，促使复苏步伐更为同步，但也可能因国际贸易摩擦或全球金融市场的不稳定而复杂化。

在扩张阶段，经济活力全面绽放。在此阶段，产能利用率接近饱和，就业率上升，个人收入增加，消费支出随之增长，形成良性循环。科技进步，特别是信息技术水平的飞跃，不仅加速了生产效率的提高，还通过电子商务、数字化营销等手段拓宽了市场边界，使得经济扩张的速度和广度远超以往。然而，全球化供应链的深度整合也意味着风险的全球化传递，任何一环的中断都可能迅速波及全球，增加了经济过热的风险。

衰退阶段预示着经济由盛转衰的转折点。在此阶段，市场需求放缓，产能过剩问题凸显，企业利润空间压缩，投资减少，就业市场承压。在经济全球化背景下，这一阶段的挑战尤为严峻，因为全球供应链的复杂性和紧密度使得经济波动的传导速度更快、影响范围更广。此外，信息技术虽然加快了信息传播速度，但市场情绪的过度敏感也可能放大负面效应，加速衰退进程。

萧条阶段是经济周期的谷底，特征为广泛而深刻的经济紧缩，市场活动显著萎缩。在这一阶段，失业率攀升，消费者和企业信心降至冰点，信贷市场紧缩，经济活动陷入停滞。经济全球化在此时展现出其双刃剑的一面：虽然国际合作和援助机制可能缓解某些国家的困境，但全球需求的普遍疲软和保护主义的抬头又加剧了经济复苏的难度。

产业链的循环原理可以用“供应—制造—销售—再供应”的模式来描述。具体来说，产业链的上游环节提供原材料和零部件给中游环节进行加工和生产，中游环节生产成品交给下游环节销售，下游环节销售产品后向上游环节进行再供应，形成一个闭环的循环过程。其中，各环节相互合作、相互支持，实现资源的优化配置和价值的最大化。

链接力在产业循环中扮演着核心催化与支撑的角色，其深远影响体现在多个层面，对于推动产业结构升级、增强经济系统韧性、促进可持续发展具有重要意义。链接力通过优化供应链管理和市场信息流动，使得原材料、资金、技术等关键资源能够在不同企业和产业间快速、精准地匹配与流转。这种高效配置减少了资源错配和浪费，降低了交易成本，促进了资源的最优使用，从而加速了产业循环的运转速度和质量。在经济全球化背景下，链接力帮助构建多元化的供应商网络和市场渠道，降低了对单一来源的依赖，增强了产业链的灵活性和应对外部冲击的能力。当某一环节遭遇危机时，强大的链接力能够迅速激活备选方案，保证产业链的整体稳定和连续性，避免了局部问题引发的全局性风险。

链接力也促进了产学研各界的紧密合作，加速了知识和技术的跨界交流与融合。通过建立并开放创新平台、技术联盟和知识共享机制，最新的研究成果和技术突破能够更快地转化为实际生产力，推动产业升级和产品创新，增强产业竞争力。在市场拓展方面，链接力通过数字平台和跨境电商等新型渠道，帮助企业跨越地理界限，快速响应全球市场需求，进入新市场。同时，加强国际产业合作，通过参与全球价值链，企业能够共享国际资源，提高品牌国际影响力，实现互利共赢。

链接力还促进了循环经济和绿色供应链的发展，通过建立废弃物回收利用的链接，推动产业间物质和能源的高效循环利用，减少环境污染和资源消耗。企业间通过共享环保技术和最佳实践，共同推进绿色转型，符合全球可持续发展目标。

经济全球化时代的产业循环正处于一个复杂多变的十字路口。跨国公司、全球价值链、数字化转型与绿色经济等多重因素交织，既为产业发展提供了广阔的空间与无限可能，也带来了前所未有的挑战。在经济全球化时代，产业循环的国际化程度加深，跨国公司成为驱动全球经济一体化的重要力量。它们不仅通过庞大的全球网络促进了资本、技术、信息与人才的跨境流动，还深刻地影响了全球生产体系的构造与优化。它们通过在全球范围内配置资源，构建起复杂的全球价值链和供应链网络，使得产品和服务的生产跨越国界，形成了紧密相连的全球经济共生体。这种高度的相互依存性意味着，任何单一经济体的政策调整、市场波动乃至自然灾害，都可能迅速传导至全球，引发连锁反应，强调了全球经济治理与合作的重要性。

链接力作为产业循环中的核心驱动力，通过促进多维度资源的有效整合与协同，不仅加速了经济活动的循环进程，还增强了产业的适应性和竞争力。面对未来，加强数字化转型、构建互利共赢的生态系统、培养创新文化和深化国际合作，将是持续提升链接力、推动产业循环向更高质量发展的关键途径。这不仅需要政府、企业和社会各界的共同努力，还需要在全球视野下寻求共识，共同应对经济全球化与可持续发展带来的挑战。

3. 链接力让产业形成规模经济

规模经济，这一经济学中的核心概念，指的是随着生产规模的扩大，单位产品成本呈现下降趋势的现象。此现象植根于多方面的经济原理，不仅深刻影响着企业的生产决策与市场结构，也是国家制定产业政策的重要考量因素。

规模经济的一个直观体现是固定成本的分摊效应。在生产过程中，有些成本（如厂房租金、设备购置费）不随产量增减而变化，被称为固定成本。随着产量的上升，这些固定成本被更多的产品分摊，使得每单位产品的固定成本份额下降，从而降低了平均成本。亚当·斯密在其经典著作《国富论》中强调了劳动分工对生产效率的提高作用。在大规模生产中，企业能够更细致地进行劳动分工，使得每个工人专注于特定任务，通过重复操作提高熟练度，减少失误，提高工作效率。这种专业化带来的效率提高是规模经济的重要来源。

随着生产规模的扩张，企业有机会采用更先进的技术和生产设备，这些技术和设备通常能带来更高的生产效率，能够直接降低单位产品的生产成本。同时，学习效应也不容忽视，即随着生产经验的积累，工人和管理层对生产流程的理解更加深入，能够不断优化操作流程，减少浪费，进一步降低成本。大规模生产者在原材料采购上享有更大的议价能力，能够以更低的价格获得原材料和零部件，这也是规模经济的体现。此外，大规模生产促使企业构建更高效、更稳定的供应链体系，减少物流成本，提高响应市场的速度。规模经济还间接促进了企业的市场影响力和品牌建设。大规模生产往往伴随着更广泛的市场覆盖和更高的品牌知名度，这不仅能吸引更多消费者，还能建立起品牌忠诚度，形成市场进入壁垒，对潜在竞争者构成挑战，进一步巩固企业的市场地位。规模经济就像让企业变得更加强大的秘密武器，它通过更有效地分配资源、降低成本和提高生产效率，帮助企业发展得更快、更好。

想象一下，其中有一股看不见的力量，人们称作“链接力”，它来自市场的整合、技术的进步和更好的管理方式，这些因素像绳子一样把所有相关的企业紧紧绑在一起，推动整个行业朝更高效、合作的方向前进。

链接力可以通过规模采购、批量生产以及资源共享与设施共用的策略驱动规模经济产生成本降低效应。

在现代企业管理与经济学理论中，成本降低效应是一个核心概念，它主要通过规模采购、批量生产和资源共享等机制实现，进而显著提高企业的经济效益与市场竞争力。这一效应不仅关乎企业内部运营效率的优化，也是对外部市场环境适应性的一种体现。

规模采购，作为成本降低策略的关键一环，其优势在于通过大量订购原材料或组件，能够从供应商处获得更为优惠的价格。这种议价能力的增强，直接降低了单位产品的材料成本，是供应链管理中的重要杠杆。例如，全球领先的电子产品制造商通过集中采购半导体芯片，不仅确保了供应链的稳定性，也因大规模订单而享受到了价格折扣，从而有效控制了生产成本。

批量生产则是利用生产线的连续作业与标准化流程，实现单位产品成本的进一步下降。随着生产规模的扩大，固定成本如设备折旧、厂房租赁等被更多的产品分摊，导致每单位产品的平均成本逐渐减少。此外，生产效率的提高，如自动化与精益生产技术的应用，也是批量生产降低成本的重要途径。例如，汽车制造业通过流水线作业革命，大幅度提高了生产效率，降低了汽车的制造成本，使汽车从奢侈品转变为大众消费品。

资源共享与设施共用是第三种有效降低成本的策略。在企业集群或产业园区内，不同企业间共享物流系统、研发中心、信息平台等，可以避免重复建设，减少不必要的资本支出。这种模式促进了资源的高效利用，增强了企业间的协同效应。例如，高新技术产业园区内的多家科技创业公司共享实验设施与测试平台，不仅节约了巨额的初期投资，还加速了技术创新与产品迭代的进程。同时，云计算与数字化转型为资源共享提供了新的维度。云端服务允许企业按需租用计算资源，避免了自建数据中心的高额投入与运维成本，实现了IT资源的弹性扩展与成本优化。企业通过采用软件即服务（Software as a Service，SaaS）、平台即服务（Platform as a Service，PaaS）等模式，可以将注意力更多地集中在核心业务上，而非基础架构的维护上。

∝ 链接力 ∞

在当今快速变化的全球经济格局中，强化链接力起着重要的作用，其战略意义不再局限于企业层面的竞争力提升，更是对未来整个产业发展趋势的一种深刻启示。这一概念强调了在复杂网络中建立更为紧密、高效链接的能力，涉及技术创新、市场渗透、供应链协同以及跨行业合作等多个维度。强化链接力不仅是企业适应未来竞争环境、把握发展机遇的核心策略，也是推动产业升级、塑造经济新业态形成规模经济的重要驱动力。它要求在全球视野下，以开放的姿态构建合作网络，不断深化技术、市场、供应链及跨行业间的联系，共同探索未知的商业疆域，引领未来产业发展的新航向。

三、产业共同体

产业互联网的蓬勃发展将改变每个地方经济的产业结构，提高产业运营质量和效率，用产业创新的增量盘活实体经济和传统行业的存量，加快实现新旧动能转换和实体经济高质量发展。链群联合体是“链群合约的链群合约”，是链群的命运共同体。共同体源于原始社会中因与周围逆境做斗争而必须团结一致的生活方式。而“命运”与人们认为可以掌握或支配的历史不同，适应命运、被命运决定、接受命运的束缚，都是命运共同体的基础。

1. 产业互联网是新的链接工具

业界人士曾对产业互联网提出了新的观点：“互联网前二十年是市场，未来二十年是工具。”产业互联网将可实现实体经济高质量发展。产业利益共同体从本地区的优势垂直产业出发，从整个产业的视角去发现、审视、总结产业链的低效部分，通过虚拟互联网平台，实现全国乃至全球的垂直产业链高效运转。上述这种产业组织方式本质上是产业创新。

产业互联网是一种面向生产者的互联网应用模式，它通过在生产、交易、融资、流通等关键业务环节的深度网络渗透，旨在提高行业效率、节约资源并促进产业升级。其核心在于利用互联网技术与生态系统，对各个垂直产业的产业链及内部价值链进行重塑和改造，形成新的互联网生态和经济形态。

产业互联网是以生产者为主要用户群体，结合云计算、大数据、人工智能等先进技术，对传统产业进行数字化、网络化、智能化升级，优化资源配置、提高生产效率、创新服务模式，最终实现产业价值链的重构与效率提高。它强调信息技术与传统产业深度融合，不仅关注产品与服务的优化，更侧重于整个产业生态的变革与协同发展。其范畴广泛，涉及从原材料供应、生产制造、分销零售到客户服务的全产业链条，以及在此基础上衍生出的新业务模式、新业态和服务。

产业互联网的特征为垂直产业的四大融合：产业在地理空间和虚拟垂直产业互联网平台的叠加融合，上中下游企业即“供产销”全产业链的融合，大中小企业的融合，商业、服务业、制造业、金融业、物流业、研发企业等不同功能形态企业的融合。这种融合最终实现产业的网络化、数字化、智能化、平台化，通过客户、数据驱动产业高效率运营。

产业互联网与消费互联网在多个维度上存在显著差别。消费互联网主要面向个人消费者，旨在提升用户的消费体验，包括日常购物、在线娱乐、信息获取等方面，发展动力源于满足消费者在生活便利性、娱乐性方面的需求，业务模式相对较为集中。

其价值链较短，往往围绕最终消费者的直接需求展开。产业互联网则主要服务于企业、组织和产业参与者，重点在于优化生产流程、供应链管理、企业服务等领域，发展则侧重于通过技术手段提高生产效率、降低成本、增强产业链协同、推动产业升级。产业互联网的价值链更为复杂且链条更长，涉及原材料采购、生产制造、物流、销售等多个环节，需要更深层次的行业理解和定制化解决方案。其盈利更多依赖于为产业创造直接价值，如提高生产效率、节约成本、提供专业服务等，盈利模式更为直接且注重长期合作与价值共享，在竞争中更倾向于多方协作共赢，每个细分领域可能都有专业的服务平台，强调生态系统的共建共享，在物联网、大数据、云计算、人工智能等领域的应用更为深入，直接融入生产制造、供应链管理等核心业务流程，对技术的依赖性和要求更高。

产业互联网的快速发展和深化应用离不开多项关键技术的支持，其中云计算、大数据、人工智能等是最为核心的技术支柱，它们共同支撑起产业互联网的高效运行和持续创新。

云计算为产业互联网提供可扩展的计算和存储资源，企业可以根据实际需求动态调整资源分配，有效处理高峰期流量和大规模数据处理任务。云服务为产业互联网提供可扩展的计算和存储资源，企业可以根据实际需求动态调整资源分配，有效处理高峰期流量和大规模数据处理任务。容器化与微服务提高应用的灵活性和可维护性，使得系统能够快速响应市场变化，支持业务的持续迭代和创新。

在产业互联网中，大数据技术能够跨系统、跨平台收集海量数据，并进行清洗、整合，为数据分析提供基础，利用机器学习、统计分析等方法，从大量数据中发现模式、趋势和关联，帮助企业作出更加精准的决策，基于数据洞察优化生产流程、市场策略、客户关系管理等，实现精细化运营和个性化服务。

人工智能算法可以处理复杂的决策问题，优化供应链管理、生产计划、能源分配等，提高整体运营效率，通过机器学习、深度学习等技术，实现自动化生产、智能检测、故障预测等功能，减少人工干预，降低成本。人工智能在客服、推荐系统、个性化营销等方面的应用，能大幅提升用户体验，增强用户黏性。这些技术的融合与应用，不仅促进了产业内部的信息化、数字化转型，还推动了产业间的跨界融合与创新，形成了全新的价值创造模式和生态系统。

2. 产业链接力形成产业链群生态体系

链群组织结构是一种新型产业组织形式，为产业链群生态体系的形成提供了组织基础。在数字生态、产业生态和创新生态的共同作用下，依托互联网平台和数字技术的创新应用，互联网与产业生态圈深度融合，新型产业生态组织形式即产业链群生态体系应运而生，推动了产业转型升级和高质量发展。

（1）产业链群生态体系的构成要素。生态体系是一个生物学概念，具有多样性、互补性、关联性等特征。产业链群生态体系是为了将生态学理念和原则引入经济学，用以分析人类的经济活动而构建的经济组织形式。产业链群生态体系的构成要素可以从微观、中观、宏观三个层面进行分析。

从微观层面来看，产业链群生态体系的构成要素主要包括处于不同生态位的企业、具有不同偏好的消费者、具有讨价还价能力的供应商、生产替代品的竞争者和其他风险承担者。从中观层面来看，产业链群生态体系的构成要素主要包括链式产业组织和群落产业组织。链式产业组织主要是产业链、链群经济体、创新链、价值链、人才链、资金链、政策链等链式结构，群落产业组织主要是指产业集群。从宏观层面来看，产业链群生态体系的构成要素主要是指产业发展的支撑因素与外部环境等构成的产业赖以生存和发展的有机系统，包括营商环境、体制机制等制度体系，创新创业文化氛围、市场成熟度等宏观因素。

（2）产业链群生态体系中“链长”与“链主”的关系。“链长”是产业链的倡导者、支持者、调控者、维护者和守望者，往往由地方政府主要负责人和行业协会负责人担任；“链主”是由市场自发形成的、能够协调产业链上各个节点活动的龙头企业。“链长”与“链主”的关系是政府与市场的关系，即政府调控与市场调节的关系。“链长”需要在培育和扶持本地区“链主”企业的同时，维护市场秩序和公平竞争，尤其是在产业链出现过度集中和垄断经营时，“链长”会引导和推动产业链“链主”及关键控制者公开技术秘密或让渡市场份额，提升产业链的创新活力、竞争活力和发展活力。“链长”与“链主”要严守各自的行为边界。

产业链群生态体系能够推动产业系统各个环节的合理优化耦合，是推动产业数字化转型和高质量发展的新支撑。产业链群生态体系除了具有一般产业生态系统的特点之外，还能够应用数字技术从中观或宏观层面对众多发展要素进行高阶有机整合，使之适合高新技术产业的培育和发展。

产业链群生态体系是一种产业平台组织，是产业生态系统的支撑和架构，是产业共生发展和群体竞争的新载体，也是为了满足特定顾客需求而进行的价值联系和组织安排。产业链群生态体系能够形成生态竞争力，为企业赢得竞争优势。

（3）产业链群生态体系的演化。产业链群生态体系内部子系统之间在演化发展过程中出现连接、合作、协调与同步的联合作用和集体行为就是协同行为。在原有产业链、产品链、链群经济体的基础上，模仿自然生态系统，搭建价值链、生态链和创新链，链群生态体系内的企业间建立一种由生产者、消费者和服务者组成的新产业体系，可以通过协同行为产生协同效应。

产业生态体系演化的过程就是产业组织创新的过程。在数字技术驱动下，产业链群生态体系内部的物质流、能量流、资金流、人才流和信息流通过链群结构进行整合和调节，实现自我再生、自我复制、自我选择、自我优化，从而向更高的有序状态演化。

商业生态环境孕育了企业生态因子，激励着大众通过创新创业成立企业。企业融入商业环境形成企业生态位，不同生态位上的企业通过分工合作形成产业生态链，不同产业生态链之间相互交织形成产业生态圈，产业生态圈之间构筑网络状分工系统形成产业链群生态体系。企业的能力边界决定了企业的生态位，能够优化企业生态位的企业能力包括企业组织能力、企业运作能力、战略管理能力、市场营销能力、改革与创新能力、共享信息能力、资源利用能力、界面管理能力、学习能力等。

（4）产业链群生态体系中的企业。龙头企业是产业链群生态体系中的“关键种企业”，一般是技术先进、理念创新、社会责任感强的大型集团或跨国公司，能够引领产业链群生态体系的演化。产业链群生态体系中龙头企业的业务配套需求和市场开拓能力能够为大量相关中小型企业提供巨大的市场机会，从而有能力和资格主导链群生态网络的运行，决定了共生网络持续发展的技术可行性；龙头企业具有市场敏感性，一旦经营环境发生变化，就能带领产业链群生态体系及时调整发展战略，适应市场需求变化。

骨干企业是链群生态体系中的“价值平衡型企业”，骨干企业协同共生、抱团发展也能影响产业链群生态体系演化方向。移动互联网产业生态系统是由多个产业主体共同组成的链群生态体系，骨干企业包括网络运营商、软件服务商、终端供应商等多个产业主体，共同组建了一个产业系统。各产业主体之间不仅存在互相合作、互相依存的关系，而且存在互利共赢的关系。骨干企业的创新和变革将推动链群生态体系的演化。

加入链群生态体系的中小企业也是链群生态企业，能在获得稳定的市场需求、创新溢出效应和信贷联动效应的同时，通过技术创新、协同合作改变生态位，从而为产业链群生态体系的演化提供动力。产业链群生态体系为子系统制造商、模块制造商和零部件制造商搭建了一个价值创造和价值共享平台，此平台将大量中小企业、中介组织和政策环境编织成一个生产网络，中小企业为龙头企业或骨干企业供应原材料或零部件形成协作共生关系。产业链群生态体系通过战略需求与响应过程使生产网络中各层次企业间的制造战略实现协调一致。

产业链群生态体系内部的组织创新包括链条升级、集群嵌入与链群融合等多种形式，在数字技术驱动下的组织创新会推动链群组织内部结构合理、层次多样、功能完善和自我演化。产业链延伸、价值链跃迁、链群经济体补缺和创新链提升都是链条升级的具体形式。在数字经济时代，集群嵌入产业链群生态体系的方式较多，包括企业嵌入、产业链嵌入、产业集群嵌入和混合嵌入等。产业链群生态体系的组织创新表现出由链到网、由静态到动态、由配置到博弈、由正向到逆向、由物质流到价值流和知识流、由纵向集成到横向整合等多种趋势。

内部企业之间的竞争与协作等自组织作用，也能够推动产业链群生态体系的协同演化。链群企业会为了获得更好的生态位而竞争，竞争可以增强企业活力，激发企业创新能力，提高企业运行效率，防止系统进入“平衡态”和“内卷化”，促进其动态有序演化。产业链群生态体系内部处于不同生态位的企业将相互协作，以实现资源、品牌、资金、信息等要素的共享，优势互补、强强联合、共同创新，取得协同效应，从而推动链群生态体系演化。

环境选择、市场压力和资源要素供给状况的变化是推动产业链群生态体系演化的外部动力。产业链群生态体系的演化和发展在很大程度上还会受环境、技术、信息、市场机制、政策导向等的影响和制约。产业链群生态体系的演化表现出周期性特征，会经历不同生命阶段。其演化机制包括竞争机制、驱动机制、导向机制、协同机制和反馈机制等；演化路径包括遗传、变异与自然选择，模仿、竞合和知识传导，复制、重组和相互融合，自由繁殖、相互竞争和协同共生等。

（5）链群合约。产业链群生态体系的构建和形成需要链群合约。陈劲在《链群合约：物联网时代的生态组织管理新模式》一书中指出，链群合约作为以人为本、数字赋能、动态寻优的内部创业机制，是生态链和小微群基于员工契约精神进行的融合企业家精神和厂商理论的管理机制新探索。

链群合约中“链”是生态链，借助区块链、数字化实现多资源多主体的有效协同；“群”是小微群，是生态链各节点的合集；“合”意为和而不同、共创共赢；“约”即智慧合约，是链存在并维持的内力。

链群合约的最大魅力在于实现用户节点能力的激活、重组与整合优化，这种机制使得小微群兼顾了个体创新能力优势、动态匹配和链群之间的协同配合和资源共享，实现“活而不乱，高度协同”。

作为一种全新的管理机制，链群合约兼顾个体创新能力和链群之间协同配合，致力于形成资源共享的有强大凝聚力的生态系统。链群合约有以下三个层次。

第一层次：链群组织——整体之美。

链群合约的整体组织构架呈现小微节点、生态共创方围绕用户场景、以增值共享为驱动、自发聚合的链群形式，是链群合约的最基础层次。这个链群荣辱与共，体现了命运共同体的特征。

第二层次：链群合约——动态之美。

数字技术赋能之下，各小微链群通过动态寻优过程，生态链各个节点之间达成完全契约，根据用户体验的迭代变化而动态迭代变化，链群中各节点及链群之间呈现互动流变状态，组织在“有形”的基础上进一步达成“有意”的状态。

第三层次：链群生态——分形之美。

量子管理学提出“分形之美”，体现了“生态之链”的生生不息和持续迭代。这种生态性，实现了链群合约的可持续性。实现“分形之美”需要每个链群节点都有体验能力和创单能力，既能直接感知用户需求，又能自主创造用户价值，从而在“有形”和“有意”的基础上，实现“有魂”。

链群联合体由链群发展而成，各链群以用户为中心，实现自驱动、自进化，链群之间形成有机协同，以此进一步引爆价值创造能力，共同为用户创造更好的体验。

在链群联合体概念下，企业发展的未来从“分拆”转变为“自裂变”，即各个节点可以不断壮大，链群合约可以不断扩大，从而整个企业的生态能够不断进化，从“0”到“1”，到“N”，再到“∞”。链群合约具备以人为本、体验为上，开放整合、协同共创，混序交融、边缘竞争，数技赋能、动态寻优，利他共益、永续发展的特征。

3. 产业链接力打造产业共同体

产业虚拟平台型企业（又称为产业路由器）具备天然的产业上下游影响力，能够引导地方产业集群物理空间的有效重构，团结下游零售或经销终端与上游大中小型生产及研发企业，形成广泛的产业共同体。构建产业共同体，旨在通过深化跨领域合作，促进资源共享、技术融合与价值共创，是推动产业升级与经济高质量发展的关键路径之一。

构建产业共同体这一战略构想的核心在于，打破传统企业间的壁垒，通过深度整合上下游产业链的各类资源，形成一个高度协同、互利共生的生态系统。此过程不仅是对传统商业模式的一次深刻变革，更是对全球经济一体化趋势下，如何有效提升产业竞争力的积极探索。

在这一过程中，强化合作机制不仅要求各企业在策略层面形成共识，更需在实践操作中细化实施步骤，确保合作的深度与广度得以有效拓宽。其中，标准化是构建产业共同体的基石，它能消除技术壁垒，促进产品和服务的互操作性。

在实践中，产业共同体强调的不仅仅是物理层面的资源整合，更重要的是知识、技术、信息乃至市场渠道的共享与互补。例如，在高科技制造业中，通过建立研发联盟，不同企业可以共同投入研发资金，共享研究成果，加速技术创新周期，降低单个企业的研发风险和成本。这种合作模式促使了关键技术的突破，如5G通信、人工智能、新材料等领域的快速发展，正是产业共同体理念成功实践的例证。

在当今快速演变的经济格局中，构建产业共同体，促进跨界融合，已成为推动社会进步与产业升级的关键驱动力。

构建产业共同体的过程不仅模糊了传统行业边界，更是在深度与广度上重塑了经济结构和商业逻辑。随着传统产业与互联网技术的深度融合，人们见证了前所未有的创新与变革。这种融合不是局限于将线下业务简单迁移至线上，而是通过大数据、云计算、人工智能等先进技术，对产业链进行全方位的优化与重构。

例如，在制造业领域，工业互联网平台的崛起彻底改变了生产方式，实现了供应链管理的智能化、生产的定制化以及运维服务的远程化，使得企业能够更高效地响应市场变化，缩短产品迭代周期，提升整体竞争力。这种深度融合还促进了产业间的相互渗透，如金融科技的出现不仅革新了金融服务的提供方式，也促使传统银行业务与互联网技术紧密结合，开拓了全新的金融生态。

共享经济作为产业跨界融合的典型代表，其核心在于通过搭建资源共享平台，创新服务模式，构建起开放合作的社区与生态系统。这不仅体现在出行、住宿等消费领域，更扩展到了知识共享、技能交换、生产设备共享等多个维度。共享经济模式有效提高了资源使用效率，减少了浪费，也激发了个体创造力与小微企业的活力。例如，通过在线协作平台，设计师、开发者可以跨越地域限制，共同参与项目，实现知识与技能的全球流动。此外，共享制造平台的兴起，让中小企业能够以更低的成本获得高端生产设备和服务，促进了制造业的灵活性和创新能力。

在构建产业共同体的过程中，构建一个健康、开放、共赢的生态系统至关重要。这要求参与者超越单一企业的视角，着眼于整个行业的可持续发展。通过建立行业标准、加强数据共享与安全保护、推动政策协同，形成良好的合作机制，是实现跨界融合的基石。同时，鼓励开放式创新，促进“产学研用”紧密结合，不仅能加速科技成果的转化应用，还能为新兴业态的培育提供肥沃土壤。例如，通过成立产业联盟，不同行业、不同规模的企业、研究机构和政府部门可以围绕共同目标协同工作，解决产业发展中的共性问题，共同推动产业升级与转型。

战略思维的革新是构建产业共同体不可或缺的一环。企业需要从单纯的竞争思维转向竞合思维，认识到在复杂多变的市场环境中，通过合作实现共赢远比单打独斗更为高效和可持续。这意味着企业在制定战略时，不仅要考虑自身的发展路径，更要着眼于整个产业链的健康与长远发展，探索与伙伴企业之间建立基于信任、透明度和利益共享的合作机制。

合作模式的升级同样关键。随着数字经济的崛起，平台化合作成为新的趋势。通过构建开放的数字平台，企业能够更高效地对接资源、共享数据、协同创新，实现价值共创。在全球气候变化和资源约束加剧的背景下，产业共同体需积极采用绿色生产方式，推动循环经济的发展，共同应对环境挑战，确保长期的社会福祉和经济繁荣。

总之，构建产业共同体是一个系统工程，要求我们发挥链接力，在技术创新、战略思维、合作模式以及可持续发展等多个维度上不断探索和实践，以适应快速变化的市场需求和日益激烈的全球竞争。

第四章

数字链接力

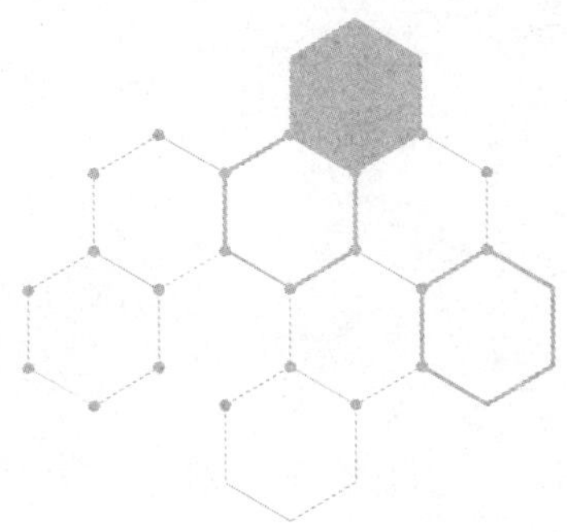

以人工智能、大数据、云计算、区块链等为代表的数字技术加速与实体经济融合，产生了强大的数字链接力，形成了数字经济。数字经济是一种快速经济，通过网络化的平台，克服时间和空间的限制，直接使信息传递和经济活动快速推进。它是继农业经济、工业经济之后的主要经济形态，是以数据资源为关键要素，以现代信息网络为主要载体，以信息通信技术融合应用、全要素数字化转型为重要推动力，促进公平与效率更加统一的新经济形态。

根据中国信息通信研究院提出的数字经济“四化”框架，数字经济可以分为以下四个部分：数字产业化，即信息通信产业，包括电子信息制造业、电信业、软件和信息技术服务业、互联网行业；产业数字化，即传统产业应用数字技术所带来的产出增加和效率提高部分，包括工业互联网、智能制造、物联网、平台经济等融合型新产业、新模式、新业态；数字化治理，包括多元治理，以“数字经济+治理”为典型特征的技管结合，以及数字化公共服务等；数字价值化，包括数据采集、数据标准、数据确权、数据标注、数据定价、数据交易、数据流转、数据保护等。

一、数字技术

新质生产力的提出充分体现了数字技术引领生产力跃迁的时代内涵。发展新质生产力，对于支撑和保障数字技术广泛应用的关键基础软件提出更高要求。数字技术是多种数字化技术的集称，包括区块链、大数据、云计算、人工智能等。应用数字技术的最大好处是能够大幅提高整体经济效率。数字技术可以构建一个更加直接高效的网络，打破过去企业和企业之间、个人和个人之间、人和物之间的平面连接。而平面连接或者构架的问题是节点多、效率低。通过数字化技术，未来将建立起立体的、折叠的、交互式的架构。在此架构中，实现的点对点、端对端的交互式连接将更直接，省去中间节点，进一步提高效率。数字技术是一个整体，相互融合呈指数级增长，推动数字经济的高速度、高质量发展。此外，叠加以区块链为基础的数学算法建立数字信任，将使经济运行变得更低成本、更高效率，带动社会迅速发展。

1. 数字技术，引领时代链接力

数字技术并不是被创造出来的，而是随着互联网的迭代，在市场需求中应运而生的一门技术。数字技术作为当代最具创新性和影响力的技术领域之一，是引领未来的力量，在全球范围内引起了广泛的关注和研究，成为推动人类社会进步的重要引擎。数字技术是一项与电子计算机相伴相生的科学技术，它是指借助一定的设备将各种信息，包括图、文、声、像等，转化为电子计算机能识别的二进制数字“0”和“1”后进行运算、加工、存储、传送、传播、还原的技术。由于在运算、存储等环节中要借助计算机对信息进行编码、压缩、解码等，因此也称为数码技术、计算机数字技术、数字控制技术等。

互联网行业从门户网站时代、搜索引擎时代，到移动社交网络时代，再到今天的自媒体时代，数字化早已存在于企业的系统之中。当企业发展到一定规模时，逐步建立起来的管理系统，包括前端、数据中心、信息系统以及后台等一应俱全，部分企业定制系统时甚至会特定做成开源或半开源的状态，以便于日后系统随着企业的发展增加相应的模块，这便是数字化的初级形态。

数字技术里面其主要包含以下几类技术。

（1）计算机技术。

计算机硬件：包括服务器、个人电脑、笔记本电脑、平板电脑、智能手机等设备。这些设备多用于处理和存储数字信息。

计算机软件：包括操作系统、应用软件、编程语言等。操作系统如Windows、MacOS、Linux等，应用软件如办公软件、图像处理软件、游戏等，编程语言如Python、Java、C++等。

数据库：用于存储和管理大量数据的系统。数据库可以用于企业管理、电子商务、金融等领域。

（2）通信技术。

互联网：通过网络连接全球各地的计算机和设备，实现信息共享和通信。互联网包括万维网、电子邮件、即时通信等应用。

移动通信：包括移动电话、平板电脑和智能手机等设备，通过无线网络进行通信。移动通信技术如4G、5G等提供了高速的数据传输和移动互联网接入。

卫星通信：利用卫星作为中继站，实现地球上不同地点之间的通信。卫星通信多用于广播电视、气象预报、军事通信等领域。

（3）多媒体技术。

数字音频：包括音乐文件、语音邮件、音频广播等。数字音频技术多用于音乐制作、音频编辑和音频传输等。

数字视频：包括电影、电视节目、视频会议等。数字视频技术多用于视频制作、视频编辑和视频传输等。

图像处理：用于对数字图像进行编辑、修复、增强等操作。图像处理技术多用于摄影、图像设计、医学图像分析等领域。

动画制作：用于创建二维和三维动画，包括卡通、游戏、虚拟现实等。动画制作技术多用于电影、电视、游戏开发等领域。

（4）人工智能技术。

机器学习：通过训练数据来学习模式和规律，并进行预测和决策。机器学习多用于数据分析、图像识别、自然语言处理等领域。

自然语言处理：用于处理和理解人类语言的技术。自然语言处理多用于语音识别、文本翻译、情感分析等领域。

计算机视觉：用于对图像和视频进行分析和理解的技术。计算机视觉多用于人脸识别、物体识别、自动驾驶等领域。

智能机器人：用于执行各种任务的机器人，如工业机器人、服务机器人、医疗机器人等。智能机器人具有感知、决策和执行能力。

（5）大数据技术。

数据挖掘：从大量数据中提取有价值的信息和模式。数据挖掘多用于市场营销、金融分析、医疗保健等领域。

数据分析：用于分析和处理大数据的技术。数据分析多用于商业智能、数据仓库、数据可视化等领域。

数据存储：用于存储和管理大数据的技术，如分布式文件系统、NoSQL数据库等。数据存储多用于处理大规模的数据集和高速数据处理。

（6）区块链技术。

分布式账本：一种去中心化的账本技术，用于记录交易和数据。区块链技术能确保数据的安全性、透明性和不可篡改性。

智能合约：基于区块链的合约机制，能够自动执行合同条款和条件。智能合约多用于金融交易、供应链管理、物联网等领域。

加密技术：用于保护区块链上的数据和交易的安全性。加密技术包括公钥加密、哈希函数、数字签名等。

（7）云计算技术。

云存储：将数据存储在云端服务器上，提供可靠的数据备份和恢复功能。云存储多用于存储文件、照片、视频等个人和企业数据。

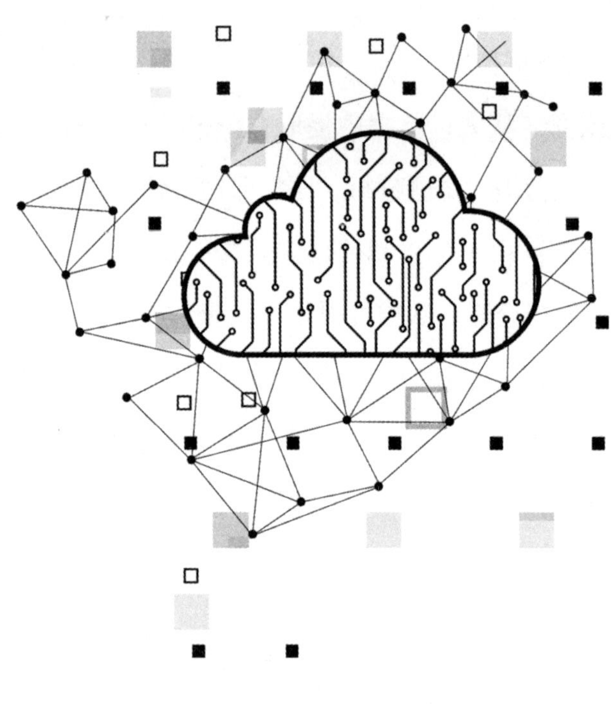

云计算：通过互联网提供计算资源和服务，包括云服务器、云数据库、云应用等。云计算提供可扩展的计算能力和灵活的资源分配。

云安全：用于保护云计算环境和云服务的安全性。云安全包括身份验证、访问控制、数据加密等技术。

数字技术的发展日新月异，未来数字技术将与其他技术领域进一步融合链接，形成更强大的综合技术体系。例如，数字技术与生物技术、材料技术等领域的融合，将为医疗、能源等领域带来新的突破。数字技术的发展不仅改变了人们的生活方式和工作模式，也为经济增长和社会进步提供了强大的动力。在未来，数字技术将继续引领科技创新的潮流，为人类社会带来更多的福祉。

2. 数字技术的多链融合

早期互联网就是从欧洲物理实验室发起的一种技术。大型物理实验项目需要全球很多国家合作完成，互联网的产生就是为了满足这个分布式的需求。

人们发现互联网早期要解决的问题其实普遍存在，所以这项技术马上从一个非常窄的高能物理实验领域传播到各行各业。随着互联网节点的增加，全球的企业和个人都开始有自己的网站，各种信息也越来越多。在这个时候，搜索引擎就变得越来越重要。虽然早期有很多搜索引擎技术和理念几乎同时出现，但经过竞争与淘汰，最后只会存在少数的搜索引擎。成熟的技术和商业模式通常会向集中式发展，集中程度会越来越高，以提高效率、经济效益和规模。

有了搜索引擎，分布式的电子商务才得以出现，不然都无法找得到新开的网店。早期的电子商务都是每家每户在自己的网站上卖东西。

大家现在熟悉的大型购物平台，曾经也是众多电子商务平台之一。随着平台经济的发展，不断向头部平台聚拢。这是因为头部平台可以提供更好、更可靠的综合性服务，包括有更可靠的支付服务、产品质量保证和规范的物流等。

这就是平台分布式—集中式—分布式—集中式发展的一个过程，每一次的分布式发展都是创新的过程，而集中式发展是成熟化、规模化的过程。

数字经济是未来经济的主要形态，目前还处于起步阶段，很多基础性问题需要深入研究，相关技术要进一步研发整合，商业模式还需探索完善。可以从以下四个维度去看数字经济的发展：新技术、新商业模式、驱动力、愿景。

新技术主要是与数字经济发展直接相关的技术，包括通信技术、偏硬件的技术、软件技术、金融科技等。另外，还有很多未来和数字经济紧密结合的技术，比如数字经济结合3D打印技术可以是工业4.0的核心技术之一，纳米发电与物联网技术的结合可以解决物联网设备的电源瓶颈，等等。

新商业模式不仅包括数字经济的雏形，如数字能源、量化投资、智能投顾、平台经济、共享经济、算法经济、链群经济体经济、社交平台等，也包括实体经济、金融市场升级转型重组后出现的新商业模式。

驱动力主要包括解决瓶颈问题、挖掘新的价值、发现新的商业模式、提高效率降低风险。这是推动数字化升级转型，形成数字经济雏形的动力。如果驱动力不够，数字化转型就很难起步。

数字经济的愿景包括智能化的生活和工作环境，从提供服务到创造体验，再到构建数字经济生态。驱动力关注的是眼前，愿景是长远的目标。

数字经济将成为推动经济发展的重要动力，也是链群经济持续发展的重要支撑，将会出现以下趋势。

一是智能化升级加速。人工智能等技术的发展将加速各产业群体的智能化升级。智能化生产、智能化服务将成为主流，进一步提高生产效率和服务质量。同时，智能化也将推动各产业群体之间的深度链接和互动。

二是跨界融合拓展。随着技术的不断创新和各产业之间的融合加深，跨界融合将成为趋势。链群经济将拓展到更多领域，形成更加丰富的产业生态，推动经济的持续创新和发展。

三是绿色可持续发展。在环保和可持续发展日益受到重视的背景下，链群经济和数字经济将更加注重绿色、低碳的发展模式。未来的经济发展将更加注重资源节约、环境保护和社会责任，实现可持续发展。链群经济也拓展了数字经济的边界和应用场景，推动数字经济向更深层次、更广领域发展。

以数字技术为支撑，以数字化转型为主线，以工业互联网为依托，推进产业链、价值链、链群经济体和创新链等多链融合，能够形成链群组织结构。产业链、价值链、链群经济体、创新链的融合与交织，将形成产品网络、技术网络、生态网络和价值网络四个子网络，各层网络都包括不同数量的节点，分别表示某种产品、技术、价值环节和生态位。在数字技术驱动下，多链融合的过程也是产业链延伸、价值链跃迁、链群经济体补缺和创新链提升的过程。推动链群组织形成的载体和平台是产业链、价值链与链群经济体，推动链群组织形成的动力是创新链、人才链和数据链。物质流、资金流和信息流相互融合，逐步构建以客户为中心、以需求为驱动、以数据为基础、以技术为支撑的链群组织。

3. 移动通信技术展示链接应用

5G通信设施是实现人机物互联的网络基础设施。国际电信联盟（International Telecommunication Union，ITU）定义了5G的三大类应用场景，即增强移动宽带（Enhanced Mobile Broadband，eMBB）、超高可靠低时延通信（Ultra Reliable and Low Latency Communications，uRLLC）和海量机器类通信（Massive Machine

Type Communications，mMTC）。增强移动宽带主要面向移动互联网流量爆炸式增长，为移动互联网用户提供更加极致的应用体验；超高可靠低时延通信主要面向工业控制、远程医疗、自动驾驶等对时延和可靠性具有极高要求的垂直行业应用需求；海量机器类通信主要面向智慧城市、智能家居、环境监测等以传感和数据采集为目标的应用需求。

为满足5G多样化的应用场景需求，5G的关键性能指标更加多元化。ITU定义了5G八大关键性能指标，其中高速率、低时延、大连接成为5G最突出的特征。用户体验速率可达1Gbps，时延低至1ms，用户连接能力达100万/平方千米。

移动通信延续着技术更迭的发展规律，已历经1G、2G、3G、4G的发展。每一次代际跃迁、每一次技术进步，都极大地促进了产业升级和经济社会发展。从1G到2G，实现了模拟通信到数字通信的过渡，移动通信走进了千家万户。从2G到3G、4G，实现了语音业务到数据业务的转变，传输速率成百倍提升，促进了移动互联网应用的普及和繁荣。当前，移动网络已融入社会生活的方方面面，深刻改变了人们的沟通、交流乃至整个生活方式。4G网络造就了繁荣的互联网经济，解决了人与人随时随地通信的问题。随着移动互联网快速发展，新服务、新业务不断涌现，移动数据业务流量爆炸式增长，4G移动通信系统难以满足移动数据流量暴涨的需求，5G技术应运而生。

5G作为一种新型移动通信网络，不仅要解决人与人通信的问题，为用户提供增强现实（Augmented Reality，AR）、虚拟现实（Virtual Reality，VR）、超高清视频等更加身临其境的极致业务体验，更要解决人与物、物与物的通信问题，满足移动医疗、车联网、智能家居、工业控制、环境监测等物联网应用需求。最终，5G将渗透到经济社会的各行业各领域，成为支撑经济社会数字化、网络化、智能化转型的关键新型基础设施。

5G国际技术标准重点满足灵活多样的物联网需要。在OFDMA和MIMO基础技术上，5G为支持三大应用场景，采用了灵活的全新系统设计。在频段方面，与4G支持中低频不同，考虑到中低频资源有限，5G同时支持中低频和高频频段，其中中低频满足覆盖和容量需求，高频满足在热点区域提升容量的需求，5G针对中低频和高频设计了统一的技术方案，并支持百MHz的基础带宽。为了支持高速率传输和更优覆盖，5G采用LDPC、Polar新型信道编码方案、性能更强的大规模天线技术等。为了支持低时延、高可靠，5G采用短帧、快速反馈、多层/多站数据重传等技术。

5G采用全新的服务化架构，支持灵活部署和差异化业务场景。5G采用全服务化设计，模块化网络功能，支持按需调用，实现功能重构；采用服务化描述，易于实现能力开放，有利于引入技术开发实力，发挥网络潜力。5G支持灵活部署，能够实现硬件和软件解耦、控制和转发分离；采用通用数据中心的云化组网，网络功能部署灵活，资源调度高效；支持边缘计算，云计算平台下沉到网络边缘，支持基于应用的网关灵活选择和边缘分流。5G

通过网络切片满足5G差异化需求。网络切片是指从一个网络中选取特定的特性和功能，定制出的一个逻辑上独立的网络，它使得运营商可以部署功能、特性服务各不相同的多个逻辑网络，分别为各自的目标用户服务。

以5G为代表的移动通信技术在多个领域的链接应用可总结如下。

（1）工业领域。以5G为代表的移动通信技术与工业经济深度融合，为工业乃至产业数字化、网络化、智能化发展提供了新的实现途径。5G在工业领域的应用涵盖研发设计、生产制造、运营管理及产品服务4个大的工业环节，主要包括16类应用场景，分别为AR/VR研发实验协同、AR/VR远程协同设计、远程控制、AR辅助装配、机器视觉、AGV（Automated Guided Vehicle，自动导向车）物流、自动驾驶、超高清视频、设备感知、物料信息采集、环境信息采集、AR产品需求导入、远程售后、产品状态监测、设备预测性维护、AR/VR远程培训等。当前，机器视觉、AGV物流、超高清视频等场景已取得了规模化复制的效果，实现“机器换人”，大幅降低人工成本，有效提高产品检测准确率，达到了生产效率提高的目的。未来，远程控制、设备预测性维护等场景预计将会产生较高的商业价值。

以钢铁行业为例，5G技术赋能钢铁制造，实现钢铁行业智能化生产、智慧化运营及绿色发展。在智能化生产方面，5G网络低时延特性可实现远程实时控制机械设备，在提高运维效率的同时，促进厂区无人化转型；借助“5G+AR眼镜”，专家可在后台对传回的AR图像进行文字、图片等多种形式的标注，实现对现场运维人员的实时指导，提高运维效率；利用“5G+大数据”，可对钢铁生产过程的数据进行采集，实现钢铁制造主要工艺参数在线监控、在线自动质量判定，实现生产工艺质量的实时掌控。在智慧化运营方面，“5G+超高清视频”可实现钢铁生产流程及人员生产行为的智能监管，及时判断生产环境及人员操作是否存在异常，提高生产安全性。在绿色发展方面，5G大连接特性采集钢铁各生产环节的能源消耗和污染物排放数据，可协助钢铁企业找出问题严重的环节并进行工艺优化和设备升级，降低能耗成本和环保成本，实现清洁低碳的绿色化生产。

5G在工业领域丰富的融合应用场景将为工业体系变革带来极大潜力，使得工业智能化、绿色化发展。行业应用水平不断提高，从生产外围环节逐步延伸至研发设计、生产制造、质量检测、故障运维、物流运输、安全管理等核心环节，在电子设备制造、装备制造、钢铁、采矿、电力5个行业率先发展，培育形成协同研发设计、远程设备操控、设备协同作业、柔性生产制造、现场辅助装配、机器视觉质检、设备故障诊断、厂区智能物流、无人智能巡检、生产现场监测等10大典型应用场景，助力企业降本提质和安全生产。

（2）车联网与自动驾驶。5G车联网助力汽车、交通应用服务的智能化升级。5G网络的高速率、低时延等特性，支持实现车载

VR视频通话、实景导航等实时业务。借助于车联网的低时延、高可靠和广播传输特性，车辆可实时对外广播自身定位、运行状态等基本安全消息，交通灯或电子标志标识等可广播交通管理与指示信息，支持实现路口碰撞预警、红绿灯诱导通行等应用，能显著提高车辆行驶安全和出行效率，后续还将支持实现更高等级、复杂场景的自动驾驶服务，如远程遥控驾驶、车辆编队行驶等。5G网络可支持港口岸桥区的自动远程控制、装卸区的自动码货以及港区的车辆无人驾驶应用，显著降低自动导引运输车控制信号的时延以保障无线通信质量与作业可靠性，可使智能理货数据传输系统实现全天候、全流程的实时在线监控。

（3）能源领域。在能源领域中的电力领域，电力生产包括发电、输电、变电、配电、用电5个环节。5G在电力领域的应用主要面向输电、变电、配电、用电4个环节开展，应用场景主要涵盖了采集监控类业务及实时控制类业务，包括输电线无人机巡检、变电站机器人巡检、电能质量监测、配电自动化、配网差动保护、分布式能源控制、高级计量、精准负荷控制、电力充电桩等。当前，基于5G大带宽特性的移动巡检业务较为成熟，可实现应用复制推广，通过无人机巡检、机器人巡检等新型运维业务的应用，促进监控、作业、安防向智能化、可视化、高清化升级，大幅提高输电线路与变电站的巡检效率。配网差动保护、配电自动化等控制类业务现处于探索验证阶段，未来随着网络安全架构、终端模组等问题的逐渐成熟，控制类业务将会进入高速发展期，提高配电环节故障定位精准度和处理效率。

在煤矿领域，5G应用涉及井下生产与安全保障两大部分，应用场景主要包括作业场所视频监控、环境信息采集、设备数据传输、移动巡检、作业设备远程控制等。当前，煤矿利用5G技术实现地面操作中心对井下综采面采煤机、液压支架、掘进机等设备的远程控制，大幅减少了原有线缆维护量及井下作业人员；在井下机电硐室等场景部署5G智能巡检机器人，实现机房硐室自动巡检，极大地提高检修效率；在井下关键场所部署5G超高清摄像头，实现环境与人员的精准实时管控。煤矿利用5G技术的智能化改造能够有效减少井下作业人员，降低井下事故发生率，遏制重特大事故，实现煤矿的安全生产。当前取得的应用实践经验已逐步开始规模推广。

（4）教育领域。5G在教育领域的应用主要围绕智慧课堂和智慧校园两个方面开展。例如，“5G+智慧课堂”凭借5G低时延、高速率特性，结合VR、AR、全息影像等技术，可实现实时传输影像信息，为两地提供全息、互动的教学服务，提升教学体验；5G智能终端可通过5G网络收集教学过程中的全场景数据，结合大数据及人工智能技术，可构建学生的学情画像，为教学等提供全面、客观的数据分析，提升教育教学精准度。“5G+智慧校园”基于超高清视频的安防监控可为校园提供远程巡考、校园人员管理、学生作息管理、门禁管理等应用，解决校园陌生人进校、危险探测不及时等安全问题，提高校园管理效率和水平；基于人工智能（Artificial Intelligence，AI）图像分析、地理信息系统（Geographic Information System，GIS）等技术，可对学生出行、活动、饮食安全等环节提供全面的安全保障服务，让家长及时了解学生的在校位置及表现，打造安全的学习环境。

据悉，工业和信息化部、教育部组织开展的“5G+智慧教育”应用试点项目推动顺利，一批5G与教育教学融合创新的典型应用陆续亮相。下一步，有关部门将及时总结经验、做法、成效，努力推动“5G+智慧教育”应用从小范围探索走向大规模落地。

（5）医疗领域。5G通过赋能现有智慧医疗服务体系，提高远程医疗、应急救护等服务能力和管理效率，并催生“5G+远程超声检查”“5G+重症监护”等新型应用场景。

“5G+超高清远程会诊”“5G+远程影像诊断”“5G+移动医护”等应用，在现有智慧医疗服务体系上，叠加5G网络能力，极大地提高了远程会诊、医学影像、电子病历等数据传输速度和服务保障能力。

“5G+应急救护”等应用，在急救人员、救护车、应急指挥中心、医院之间快速构建5G应急救援网络，在救护车接到患者的第一时间，将病患体征数据、病情图像、急症病情记录等以毫秒级速度、无损实时传输到医院，帮助院内医生做出正确指导并提前制订抢救方案，实现患者“上车即入院”的愿景。

“5G+远程手术”“5G+重症监护”等治疗类应用，由于其容错率极低，并涉及医疗质量、患者安全、社会伦理等复杂问题，其技术应用的安全性、可靠性需进一步研究和验证，预计短期内较难在医疗领域实际应用。

（6）文旅领域。5G在文旅领域的创新应用将助力文化和旅游行业步入数字化转型的快车道。5G智慧文旅应用场景主要包括景区管理、游客服务、文博展览、线上演播等环节。5G智慧景区可实现景区实时监控、安防巡检和应急救援，也可提供VR直播观景、沉浸式导览及AI智慧游记等创新体验，大幅提高了景区管理和服务水平，解决了景区同质化发展等痛点问题。5G智慧文博可支持文物全息展示、“5G+VR”文物修复、沉浸式教学等应用，赋能文物数字化发展，深刻阐释文物的多元价值，推动人才团队建设。5G云演播融合VR、AR等技术，实现传统曲目线上线下高清直播，支持多屏多角度沉浸式观赏体验，打破了传统艺术的演绎方式，让传统演艺产业焕发了新生。

（7）智慧城市领域。5G助力智慧城市在安防、巡检、救援等方面提高管理与服务水平。在城市安防监控方面，结合大数据及人工智能技术，“5G+超高清视频监控”可实现对人脸、行为、特殊物品、车等精确识别，形成对潜在危险的预判能力和紧急事件的快速响应能力。在城市安全巡检方面，5G结合无人机、无人车、机器人等安防巡检终端，可实现城市立体化智能巡检，提高城市日常巡查的效率。在城市应急救援方面，5G通信保障车与卫星回传技术可实现建立救援区域海陆空一体化的5G网络覆盖。“5G+VR/AR”可协助中台应急调度指挥人员能够直观、及时地了解现场情况，更快速、更科学地制订应急救援方案，提高应急救援效率。公共安全和社区治安是城市治理的热点领域，以远程巡检应用为代表的环境监测也将是城市发展的关注重点。未来，城市全域感知和精细管理成为必然发展趋势，仍需长期持续探索。

（8）信息消费领域。5G给垂直行业带来变革与创新的同时，也孕育新兴信息产品和服务，改变人们的生活方式。在“5G+云游戏”方面，5G可实现将云端服务器上渲染压缩后的视频和音频传送至用户终端，解决了云端算力下发与本地计算力不足的问题，解除了游戏优质内容对终端硬件的束缚和依赖，对于消费端成本控制和产业链降本增效起到了积极的推动作用。在“5G+4K/8K” VR直播方面，5G技术可解决网线组网烦琐、传统无线网络带宽不足、专线开通成本高等问题，可满足大型活动现场终端的连接需求，并带给观众超高清、沉浸式的视听体验。“5G +多视角视频”可实现同时向用户推送多个独立的视角画面，用户可自行选择视角观看，带来更自由的观看体验。在智慧商业综合体领域，“5G+AI智慧导航”“5G+AR数字景观”“5G+VR电竞娱乐空间”“5G+VR/AR全景直播”“5G+VR/AR导购及互动营销”等应用已开始在商圈和购物中心落地应用，并逐步规模化推广。未来随着5G网络的全面覆盖以及网络能力的提升，“5G+沉浸式云XR”“5G+数字孪生”等应用场景也将实现，让购物消费更具活力。

（9）**金融领域。**金融科技相关机构正积极推进5G在金融领域的应用探索，实现应用场景多样化。银行业是5G在金融领域落地应用的先行军，5G可为银行提供整体的改造。在前台，综合运用5G及多种新技术，实现了智慧网点建设、机器人全程服务客户、远程业务办理等。在中后台，通过5G可实现“万物互联”，从而为数据分析和决策提供辅助。除银行业外，证券、保险和其他金融领域也在积极推动“5G+”发展。5G开创的远程服务等新交互方式为客户带来全方位数字化体验，线上即可完成证券开户核审、保险查勘定损和理赔，使金融服务不断走向便捷化、多元化，带动了金融行业的创新变革。

二、数字经济

数字技术是新工业革命时期产业发展的新引擎，是数字经济形成和发展的主动力。在数字技术的驱动下，数字化转型成为产业创新发展的主要路径之一。数字技术能够改变生产和消费模式，产生新的数字产品和服务，创造顾客价值并累积用户数据，最终催生数字经济。数字经济是在数字技术驱动下由数字产业化、产业数字化、数字化治理等经济活动带来的价值增值过程。其中，数字产业化和产业数字化是数字经济发展的核心动力。

1. 数字产业化，数字和产业链接

数字产业化就是通过数字技术催生新产业和新业态，推动数字产业的形成和发展。数字产业化能够推动生产和服务朝着小型化、高可靠性、高性价比、多功能、智能化、操作便捷等方向发展，提升产业活力和企业竞争力。数字产业化主要发生在电子信息制造业、电信业、软件和信息技术服务业、互联网等行业领域，形成计算机基础技术产业链、通信产业链、区块链产业链、软件产业链、电子商务产业链、互联网产业链、数字文化产业链

等，在电子信息、大数据、软件服务、物联网等数字经济领域出现超大规模的数字产业集群，从而为产业链群生态体系的形成奠定组织基础。

数字产业化所产生的链接力主要体现在以下几个方面。

（1）**数据链接。**数字产业化推动了数据的产生、收集、处理和应用，使得各种数据能够相互链接，形成庞大的数据网络。这种链接不仅提高了数据的可用性和可访问性，还使得数据能够在更广泛的范围内被利用，从而促进了经济的发展和社会的进步。

（2）**技术链接。**数字产业化促进了各种数字技术的研发和应用，如人工智能、云计算、大数据等。这些技术之间可以相互链接，形成一个完整的技术体系，为企业和个人的生产、生活提供了更加便捷、高效的服务。

（3）**产业链接。**数字产业化不仅促进了数字产业的快速发展，还推动了传统产业的数字化转型。数字技术与传统产业的融合，使得产业之间的链接更加紧密，形成了更加完整的产业链，提高了整个经济的效率和竞争力。

（4）**社会链接。**数字产业化对社会的影响非常深远。数字技术的普及和应用，使得人们之间的信息交流更加便捷、快速，加强了人与人之间的链接。同时，数字产业化还推动了社会的数字化治理，提高了社会的运行效率和服务水平。

总之，数字产业化所产生的链接力是全方位的，它不仅促进了数字技术和数字产业的发展，还推动了整个经济社会的数字化转型和升级。这种链接力不仅提高了经济效率和社会运行效率，还为人们的生产和生活带来了更多的便利和福祉。

2. 产业数字化，产业和数字链接

产业数字化转型就是通过充分利用新一代信息通信技术、大数据、信息物理系统等数字技术和手段促进产业与技术相结合，推动产业向智能化方向转型。在产业数字化转型过程中，需要将数字经济与实体经济相结合，利用数字技术全方位、全角度、全链条赋能传统产业，积极探索产业转型升级的新方案、新模式和新路径，培育产业发展新动能。

产业数字化是指在新一代数字技术支撑和引领下，以数据为关键要素，以价值释放为核心，以“数智赋能”为主线，对产业链上下游的全要素进行数字化升级、转型和再造的过程。

产业数字化与链接力之间存在着密切的关系。产业数字化是指利用数字技术、数字化平台和数字化信息来推动产业的升级、转型和优化，从而提高产业的效率和竞争力。而链接力则是数字技术、数字化平台和数字化信息在促进各种实体与概念之间的连接及互动时所展现出的力量。

在产业数字化的过程中，链接力发挥着以下重要作用。

（1）链接力能够促进产业内部各个环节之间的连接和协作。通过数字技术，企业可以更加高效地进行供应链管理、生产流程优化、销售和市场推广等活动，实现各环节之间的无缝衔接和协同工作。这种链接不仅提高了产业的效率和灵活性，还降低了成本，提高了产品质量。

（2）链接力能够推动产业之间的链接和融合。数字技术使不同产业之间的边界变得模糊，促进了跨产业的合作和创新。例如，互联网技术与传统制造业的结合，催生了智能制造、工业互联网等新模式，推动了制造业的数字化转型和升级。这种跨产业的链接不仅提高了整个经济体系的效率和竞争力，还为消费者提供了更加多样化和个性化的产品和服务。

（3）链接力能够促进企业与消费者之间的连接和互动。通过数字化平台和工具，企业可以更加精准地了解消费者的需求和偏好，提供更加个性化和优质的服务。同时，消费者也可以更加便捷地获取产品信息、进行购物和反馈意见，从而提高消费者的满意度和忠诚度。

综上所述，产业数字化与链接力相互促进、相互依存。产业数字化为链接力的发挥提供了广阔的舞台，而链接力则是产业数字化成功的关键之一。通过加强数字技术的研发和应用，推动产业的数字化转型和升级，可以进一步发挥链接力的作用，促进经济的繁荣和社会的进步。

3. 数字化治理与链接力携手并进

数字化治理与链接力之间存在密切的联系。数字化治理是指利用数字技术、信息化手段和数据分析等方法，提高政府、社会组织和企业等各方在治理过程中的效率、透明度和参与度。而链接力则是指数字技术、数字化平台和数字化信息在促进各种实体和概念之间的链接和互动时所展现出的力量。

在数字化治理的背景下，链接力发挥着至关重要的作用。

（1）数字化治理依赖于数字技术来实现各个治理主体之间的有效连接和协作。通过数字化平台，政府、企业和社会组织可以更加便捷地共享信息、协同工作和解决问题。这种链接不仅提高了治理的效率和响应速度，还促进了各方之间的沟通和合作，增强了治理的整体效能。

（2）链接力有助于提升数字化治理的透明度和参与度。数字技术使得政府和社会组织可以更加公开、透明地展示治理过程和结果，让公众更加了解并参与到治理中来。同时，数字化治理还可以利用数据分析等技术手段，更加精准地了解公众的需求和偏好，为公众提供更加个性化、高质量的服务。

（3）链接力能够推动数字化治理的创新和发展。数字技术的不断进步和应用，为数字化治理提供了新的手段和方法。通过链接各种数据和信息，政府和社会组织可以更加全面地了解社会状况和问题，从而制定出更加科学、有效的治理策略。同时，数字化治理还可以利用数字技术推动治理模式的创新，提高治理的灵活性和适应性。

综上所述，数字化治理与链接力相互促进、相互依存。数字化治理为链接力的发挥提供了广阔的空间，而链接力则是数字化治理成功的关键之一。通过加强数字技术的研发和应用，推动数字化治理的创新和发展，可以进一步发挥链接力的作用，提高治理的效率和透明度，促进社会的和谐与稳定。

数字化治理在重塑政府治理流程、提高治理的精准化与高效化水平等方面发挥着重要作用。一方面，数字政府精准化一体化进程成效显著，数字政府的服务效能大为提升；另一方面，智慧城市加速推进，大大提高社会治理和城市管理效能，展现城市特色。

在数字经济领域，深入推动数字技术进步，深度拓展先进技术的场景应用，必将撬动高质量发展，引领世界数字经济大潮。随着以云计算、大数据、物联网、移动互联网、人工智能等为代表的新兴数字技术的快速发展，数字经济成为经济发展中创新最活跃、增长速度最快、影响最广泛的产业领域。

数字经济产业链全景图

上 游

数据要素
数据采集
数据存储
数据加工
数据流通
数据分析
数据应用

基础组件
信创
基础组件
CPU GPU
基础软件
操作系统 数据库
应用软件
办公软件 应用软件
信息安全与密码
网络安全
商用加密
传感器
控制器
集成电路

通信设备
PCB
光模块
5G基站
光纤光缆

中 游

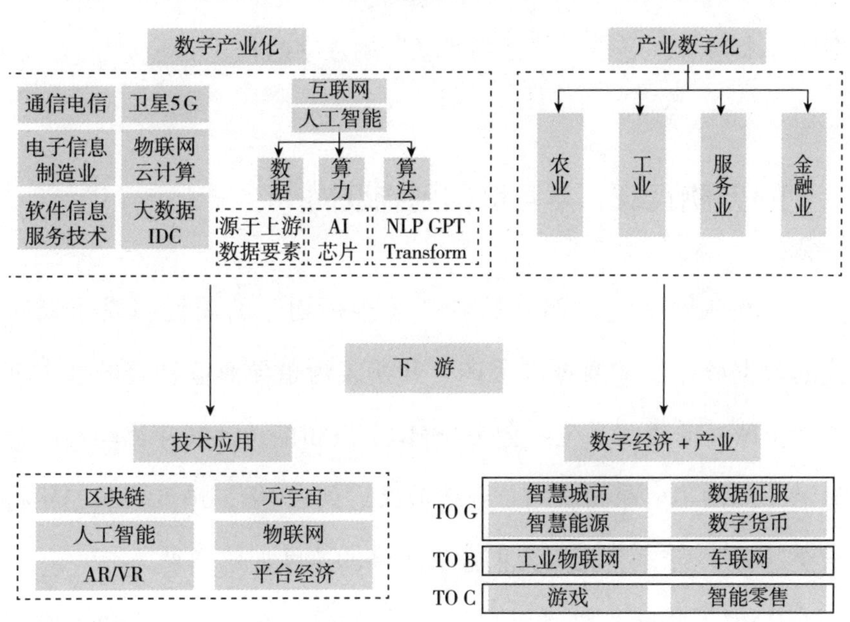

三、数字时代

从数据量变到连接质变，万物互联进入数字时代，带来链接力的跃迁。得益于通信技术的发展，人类正在拥抱一个前所未有的数字世界。海量的机器类通信和低时延、高可靠通信，被统称为移动物联网场景，则是5G时代以前从未提出过的应用愿景，是现在和过去最大的不同之处。如今，数以亿计的传感器被嵌入社会的各个角落，形成了“万物互联”的数字时代。

1. 万物互联，从互联网到物联网

从互联网到物联网，后者“链接一切”的属性引发了新时代的数据核爆，“数据即资产”开始成为指导商业社会的基本理念。全球移动通信系统协会（GSMA）发布的《2020年移动经济》显示，2019年全球物联网总连接数已达到120亿，预计到2025年将增至246亿。未来，正以人们意想不到的速度加速到来。

从PC互联网、移动互联网到物联网，历次信息革命浪潮都指向同一个关键词——“链接”。如果说互联网带来的是“人与人”“人与信息”的链接，那么物联网则更进一步，实现了“人

与物”“物与物”的全面链接。

当然，物联网的发展也经历了漫长的导入期、沉淀期和验证期。2008年，第一届国际物联网大会举行。也正是在这一年，物联网设备数量首次超过人口数量。在物联网导入期，主要表现为物联网相关概念的导入和早期物联网设备的连接。

2013年，物联网和可穿戴技术发生革命性的进步。2016年，物联网产业生态发展带各种要素已具备。在物联网沉淀时期，主要表现为一些传感、通信等技术试错和沉淀。

在物联网产业链上的各种要素已基本完善后，很快，物联网对于国民经济产业变革的规模效应就初步展现。2018—2019年是市场对物联网技术方案落地验证的开启时期。在物联网验证期，

技术、政策和产业巨头的推动对于物联网产业的发展依然重要。但是不可忽视的是，市场需求因素的影响正在增强。

自凯文·阿什顿在1999年提出“物联网”一词至今，物联网已从雏形初现逐步发展为拉动全球经济增长的新引擎。新的技术浪潮开启了通往新时代的大门，也为时代奠定了特有的基调。

虽然从链接的对象来看，物联网只是加入了各种“物”，但它对链接内涵的拓展和升华带来了极其深远的影响。物联网不再以“人”为单一的链接中心，物与物无须人的操控即可实现自主链接，这在一定程度上确保了链接所传递内容的客观性、实时性和全面性。

此外，物联网将实体世界尽可能地连接到网络上，打造了一个虚拟世界（信息、数据、流程）和物理实体（人、机器、商品）之间相互映射、紧密耦合的系统。物理实体在虚拟世界建立了自身的数字孪生，使其状态变得可追溯、可分析和可预测。

在物联网环境下，一方面，万物皆为入口。除了用户主动交互产生的数据外，用户的许多被动数据也会被实时、无感地记录下来。企业因此可以全面、立体、动态地了解用户需求。另一方面，物联网时代的智能工厂可以通过柔性生产线、透明供应链等模式，快速地满足用户不断迭代的定制化需求。

与移动互联网大约50亿的设备接入量相比，物联网的链接规模将扩大至少一个数量级，所涉及的领域涵盖可穿戴设备、智能家居、自动驾驶汽车、互联工厂和智慧城市的一切。可以预见，物联网引领的这波新浪潮将从根本上改变人们习以为常的生活方式，也将重构全球产业经济的格局。

互联网是物联网的基础，物联网是互联网的延伸。物联网的提出和应用使得人与物以及物与物之间的有效通信成为可能，最终有望实现整个生态系统高度的智能特性的愿景。因此，尽管物联网作为一个相对“年轻”的概念，但全世界都对物联网有着极高的重视。

物联网作为新一代信息技术的集成和综合应用，将引发新一轮的产业变革，是推动经济发展的新增长动力。随着计算机技术及通信技术的日渐成熟，许多国家相继提出了物联网发展战略，将其作为未来经济发展的主要推动力。

如今，物联网的发展动能不断丰富，市场潜力获得产业界普遍认可，发展速度不断加快，技术和应用创新层出不穷，物联网高速发展已成必然之势。随着物联网被明确定位为我国新型基础设施的重要组成部分，它已经成为支撑数字经济发展的关键基础设施。物联网在构建“万物智联”的同时，也让人们得以拥抱一个前所未有的世界。

2. “人工智能 +”，物联网智能链接

为了把握未来经济科技发展的主动权，我国在物联网领域进行了战略布局，对物联网的政策支持不断加大。我们要在物联网核心技术和产业化应用上取得显著成就，实施网络强国战略，加快建设“数字中国”，推动物联网向各行业全面融合渗透。事实上，在过去很长一段时间里，物联网应用都以轻量级为主，但在5G技术的推动下，重量级物联网将得以应用，如万屏互联和边缘计算。

其中，边缘计算是5G技术和3G、4G标准的重要差别。它将云计算平台从核心网网元迁移到无线接入网靠近终端的边缘，配套移动接入网搭建贴近用户和终端的处理平台，提供IT或者云的能力以减少业务的多级传递，降低核心网和传输的负担。简言之，边缘计算架构允许数据可在源数据设备和边缘设备之间交换，不用再全部上传至云计算平台。这就极大地释放了物端信息交互的

潜力，给了数据设备产生和传输大量数据的权力。显然，未来的物联网时代，入网的设备将更加智能，数据应用将更加丰富，而不再局限于当前简单的物品状态和位置信息。

“人工智能+”（AI+）是指将人工智能技术与各个行业和领域相结合，通过AI的深度学习和数据分析能力，提高传统行业的智能化水平，推动产业升级和创新发展。类似于“互联网+”，它是跨界融合和创新驱动。“AI+”在不同方面的链接和重构可总结如下。

在产业升级方面，AI技术可以应用于制造业，通过智能机器人和自动化系统提高生产效率和质量，实现柔性生产和个性化定制。

在智慧城市方面，AI可以用于交通管理、公共安全监控、环境监测等多个方面，提高城市管理的智能化水平。

在医疗健康方面，AI在医疗领域的应用包括智能诊断、个性化治疗计划、药物研发等，有助于提高医疗服务的质量和效率。

在金融服务方面，AI可以用于风险管理、信贷审批、量化交易等，提高决策的精准度和金融服务的普惠性。

在教育培训方面，AI可以提供个性化的学习计划和教学资源，通过智能辅导系统辅助学生学习和教师教学。

在零售领域，AI可以分析消费者行为，优化库存管理，提供个性化推荐，增强顾客购物体验。

在农业领域，AI技术可以用于作物监测、智能灌溉、病虫害预警等，提高农业生产的智能化和可持续性。

在自动驾驶方面，AI在交通领域的应用之一是自动驾驶技术，它通过感知环境、决策规划和控制执行，实现车辆的自主导航。

在智能家居方面，AI在家庭环境中可以用于智能设备控制、安全监控、能源管理等，提升家居生活的便捷性和舒适度。

在数字文化方面，AI可以辅助内容创作、版权保护、推荐系统等，促进文化产业的数字化转型。

在安全领域方面，AI在安全领域可以用于监控分析、威胁检测、应急响应等，增强社会安全保障。

在环境保护方面，AI可以用于气候模型分析、资源消耗预测、污染源追踪等，助力环境保护和可持续发展。

人工智能技术的发展，推动了链接力的发挥，促进了经济的增长和社会的进步。“AI+”的实现需要跨学科研究、政策支持、资金投入和人才培养等多方配合，同时也需要关注AI技术可能带来的伦理、就业、个人隐私等问题，并制定相应的规范和措施。

3. “链接一切”，形成共享型生态体

现在，随着互联网的快速发展，越来越多的个人和企业试图跳出传统价值思维和产业链模式，走向以网状协同为标准的价值

网络时代。

链接力决定未来的竞争力。未来时代，链接会越来越深，链接的形式会越来越紧密，倾向于以人作为介质。个体的能量之所以前所未有的巨大，在于链接因为人而变得更加生动。每个人都是社会网络中的一个链接点，通过在其中的地位和价值为他人提供各种各样的资源与信息，形成带动效应。同时，人们也能从中获得自己想要的资源和信息，受到他人的影响和带动。

在网络链接中，链接力越强，获得的资源、信息就越多，也越容易进入各种社会网络，并在其中快速形成一定的网络关系，继而进行各种商业合作、知识分享和博弈共赢等。

一个具有优秀链接力的人，可以用这种能力找到适合自己的商业模式，获取巨大财富。

首先，链接力是一种思维方式。

现在的人们处于一个“互联网+”时代，同时也是一个合作共赢的时代，每个人都是网络中的一部分，其身后都有三个网络：个人网络、组织网络和社会网络。只有将自己放入这三个网络中，与他人、组织、社会构建链接、彼此合作，才能使各种优势实现互补，进而获得整体优势，提高个人的价值。

其次，链接力已成为未来的一种生存方式。

在网络中，每个人都是其中的一个点，与他人的关系就是一条条线，点和线结合在一起，构成了一个彼此链接的网络。

在这个网络中，能力越强、价值越大，接触和链接的资源就越多，形成核心竞争力的速度也越快。所以，社会网络是促进个人生存和能力增长最好的土壤。

最后，“互联网+”时代的特质之一就是链接。

如果说互联网思维是基于一个整体的归纳视角，那么链接力就是从个人角度去审视自己与他人、与社会、与未来的关系，它是一种可以融入社会网络中，成功地运营和发展网络关系的能力。它让人们通过与他人的合作、分享，实现资源的链接与整合，让更多的创意、创新集成交融，从而使其中的每个人各得其所、实现共赢。

随着数字技术、人工智能的不断发展，人类进入了数字时代。数字时代的链接力主要体现在以下几个方面。

一是信息通信技术的革命性改变。数字技术改变了人与人之间的连接方式，通过高速的信息传递和交流，也彻底改变了人们的生产与生活方式，带来了社会的根本性变迁。

二是社会链接的拓展。数字技术使得每个人都能与世界上任何一个人轻易相连，理论上扩大了社会链接的边界，促进了信息共享，提升了链接的时效性。

三是生活方式的重塑。智能手机和无线网络成为人们与世界相连的端口，数字化信息传递涵盖了日常生活所需，从细微处改变了人们的生活。

四是群体构成的新模式。数字网络技术带来了远程合作和特定成员群体的线上互动，其中的群体成员相互链接但了解并不深入。

五是社会参与的变化。数字化信息和网络使得个人关于公共社会事务的观点能够便利地展示，引发社会影响，但同时存在“数字鸿沟”问题。

六是社会结构的解构与重构。数字网络穿透了原有工业社会的结构形式，直接将个人纳入数字网络的基本节点，可能导致原有社会组织结构的解构与重构。

七是数字基础设施的高效联通。数字中国建设强调了数字基础设施的联通，提高了数据资源的规模和质量，促进了数字经济的发展。

八是数字生态的形成。新一轮科技革命和产业变革形成了数字生态，包括数字理念、数字发展、数字治理、数字安全和数字合作等内容。

九是新质生产力的驱动。人工智能作为新质生产力的重要驱动力，对抓住数字经济时代机遇、加快形成新质生产力具有重要意义。

十是数智化转型。从“数字化”到“数智化”，即在数字化的基础上结合人工智能技术，打通数据孤岛，结合场景化解决问题，为数字经济发展注入新动能。

最终，通过技术手段将不同的资源、信息、服务和个体链接起来，形成一个互相协作、资源共享的生态系统。这个概念在商业、社会、环境等多个层面都有应用，强调的是开放、链接和协作，它有助于打破传统的界限，创造新的价值和机会。旨在通过互联互通提高效率、促进创新和可持续发展。随着技术的发展，共享型生态体可能会成为未来社会和经济活动的主要模式。

在数字经济时代需要把握经济社会发展的新趋势，抓住新一轮科技产业革命带来的契机，采用数字技术推动产业数字化转型，加快产业链、价值链、链群经济体、创新链等融合发展，优化产业生态，推动产业组织创新。

产业链群生态体系是以数字生态为平台、产业生态为核心、创新生态为动力、环境生态为背景的新型产业组织形态，具有互补性与合作性、根植性与聚集性、竞争性与演化性、多样性与层次性、开放性与共生性等特征。大数据、工业互联网、人工智能等数字技术直接驱动链群组织变革和创新，并通过改变企业生态位、加快组织创新、影响组织环境等途径推动产业链群生态体系演化，增强产业组织的环境适应能力。

步入数字经济时代，以新一代信息技术为核心的数字技术迅猛发展，世界产业出现了数字化、网络化、智能化和绿色化发展的新趋势，高质量发展、数字化转型、突破性创新和生态化融合成为产业发展的主要方向。其中，高质量发展是主题，数字化转型是主线，突破性创新是动力，生态化融合是路径，它们之间是相互促进、相辅相成的关系。数字技术驱动的数字化革命和数字化转型，推动了产业组织的数字化重构。在数字技术驱动下，产业链、价值链、链群经济体、创新链等多链融合发展，形成产业链群生态体系，成为数字经济时代打造共生共赢产业生态圈的核心组织结构新形式。

数字时代的链接力不仅促进了社会各领域的互联互通，当实现“链接一切”之后，所有人都可以相互链接。人们可以实现资源共享，再也不会为没有资源、没有渠道而发愁了。链接到最后，形成的一定是个共享型生态体，这就是未来人类发展的目标。

第五章

链群经济体

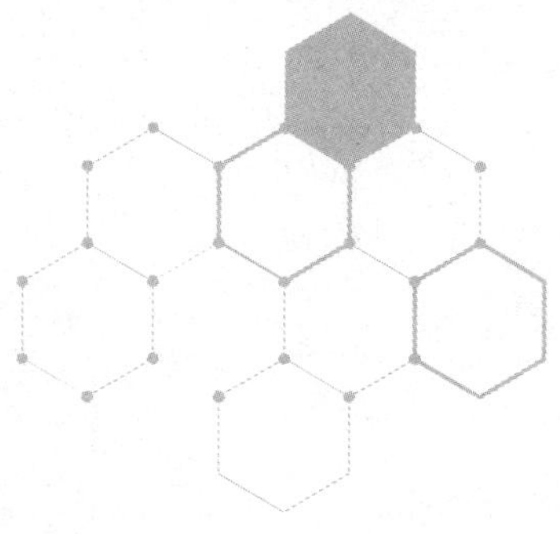

随着产业链的发展和科技的飞速进步，全球经济正在经历一场深刻的变革。

数字经济其实是产业链数字化链接的产物，其进一步发展形成的产业共同体可以称为链群经济体。链群经济体是指以互联网、大数据、人工智能等技术为基础，将各类产业、企业、资源等相互链接，形成具有链条关系的产业群体。

在新形势下，发挥好规模经济优势对中国经济发展有着重要作用，链群经济体将能更好地构建规模经济，突围行业壁垒。

一、元宇宙链群

数字生态与产业链群生态体系形成链群经济体。

在产业链群生态体系中，数字生态是基础，技术体系是动力，产业体系是支撑，企业群落是细胞，供应体系是经脉，价值体系是骨架。数字技术、数字产业、数字经济、数字文化和数字基础设施一起构成数字生态，它是新发展阶段内经济和产业高质量发展的新引擎和新平台。数字生态为产业发展提供创新成果、知识要素、应用技术，在数字生态中，产业链、价值链、链群经济体和创新链的融合会推动产业生态系统的整合与重构。数字生态是一种具有虚拟特征的平台，可以为技术、知识、信息和物品的流动与共享提供虚拟场所，连接生产、流通、分配、消费等环节，进而产生一个新兴概念——元宇宙。

1. 元宇宙，形成未来链群经济体

元宇宙作为一个虚拟的数字世界，它不仅仅是一个游戏或社交平台，更是一种全新的经济形态。在这个形态中，互联网、大数据、云计算、人工智能、区块链等技术被高度集成，形成了一个前所未有的数字经济生态系统。

在这个生态系统中，各种技术和产业相互融合、相互促进，形成了一种全新的链群关系。例如，在元宇宙的虚拟商店中，商品的交易可以完全基于区块链技术进行，确保交易的安全和透明。同时，大数据和人工智能技术可以为商店提供精准的营销策略，提高销售的准确率与成功率。此外，云计算技术为整个元宇宙提供了强大的计算和存储支持。

这种全新的链群经济体为各种商业活动提供了无限的可能性。无论是商品的交易、服务的提供还是价值的创造，都可以在元宇宙中得到全新的展现。它被认为是未来城市经济社会发展的新大陆、新蓝海，近年来受到国际学术界、产业界以及政府部门的广泛关注。

当前，元宇宙正以迅雷不及掩耳之势重塑商业世界。元宇宙对链群经济体战略和运营模式的影响已初见端倪，包括元宇宙正以更快的速度、更具影响力的方式，重塑需求内容和满足方式；传统链群经济体正借助元宇宙的数字技术，突破传统产能和效率的限制，助力全球链群经济体网络秩序的重构；在元宇宙概念持续生根发展的经济市场，治理者和市场参与者更需兼顾政策法规与创新高效，积极融入产业新浪潮。作为运营端管理者，应该“窥一斑而知全豹”，提前布局“元宇宙+”赛道，抢占市场先机。

众所周知，元宇宙并非全新的概念和抽象的定义。它是由人工智能、大数据、物联网、移动万联、数字孪生、边缘计算、拓展现实等多种技术群作为支撑，串联起终端消费者、供应商、制造商和整个产业生态伙伴，推动现实的感知向虚实结合的混合体验式发展。它构建了一个数智融合、打破虚拟和现实边界的多维世界，并在战略、运营、技术等多维度不断演变和发展后形成的。

在元宇宙的发展趋势下，数字经济和实体经济将深度融合，市场模式有可能突破资源条件的约束，形成全新的数字创造财富和价值的新机制，链群经济体运营模式也可能迎来大变革。站在风口，在关注技术创新光芒的同时，更要脚踏实地思考元宇宙对商业模式多样性、链群经济体可持续发展、数据安全和信息保护的影响，积极打造一个包容、差异、安全的“主动型”虚实结合的元宇宙产业生态链群经济体。

元宇宙的普及，给链群经济体模式提供了全新的运营框架，包括战略、战术、运营、技术四个层次。在未来的发展过程中，元宇宙市场规模将受学习、休闲、游戏和购物等多元化的需求驱动而持续增长，元宇宙网络和数字资产交易的规模与数量可能大幅增长。元宇宙市场的发展必然促进不断涌现的新商业模式的发展，这些新模式即将改变人们的生活选择和企业的业务方向。

元宇宙概念下的消费者需求呈现新的特点，满足需求的方式将被重塑，其链接突破了物理限制，需求的产品和服务也有更多虚拟化的可能性。年轻的数字“Z世代”即将成为元宇宙消费的主力军。随着数字商品与实物商品共存，虚拟主播介入真实空间，零售消费正在实现现实与虚拟、线上与线下融合链接，不断地拓宽其服务边界。

随着虚拟世界与现实世界的加速融合，人们的需求方式也潜移默化地推动着数字化技术进步和元宇宙格局的拓展。元宇宙驱动的新消费空间可以把人们随时随地接入任何能想象到的地方，进行各种休闲娱乐和远程社交，让人们对远程消费的及时性、互动感提出了更高的要求。例如，市场上现有的线上交友软件，通过海量信息搜索和智能画像匹配，加速了需求定位、信息快筛、平台资源安全积累等功能的丰富；随着远程办公的普及，人们对远程互动的体验感、通信设备的稳定性提出了更高的要求。随着元宇宙的数字化技术浸入生活的方方面面，“元宇宙+”的产业模式催生出沉浸式体验、无接触服务、线上线下一体化交付的新业态。

元宇宙的链接力呈现出新特征。例如，虚拟采购、创造虚拟产品原型等实践屡见不鲜，不仅节约了供应端的成本，也优化了供应端各节点的信息共享。更多知名的大型展览和交易活动开始采用线上直播新模式，虚实结合的互动模式被更多客户所接受，零售、能源等行业领军企业也跨域协作，创新元宇宙下的供应体系。这个体系是围绕“空间”概念，全面重塑其触达多级消费者和多级供应商的方式，融合包括物理、数字、虚拟或混合空间供应渠道在内的“多元渠道”。

∝ 链接力 ∞

数字孪生是供应端在元宇宙中积极拓展运营方式的直接体现。以电网领域为例，数字孪生技术正在开始替代传统的实物广泛模拟电网设备的运营，工程师们在虚拟平台上模拟仿真，探寻现实中特高压和高压电网设备的运行情况，设计早期介入优化方案，极大地减少了电网设备的故障率。此外，数字孪生技术也广泛应用于链群经济体的各环节。例如，在产品研发设计阶段，通过数字技术实时、精确地收集需求和测试反馈，推出更符合用户需求的新产品；在产品采购环节，采购经理们通过新产品的虚拟模型能更直接地理解产品性能，作出明智的采购决策。

元宇宙还可依托分散式信息进行提前预测和智能决策。以互联网电商头部企业为例，凭借开放的物流一体化智能平台，对分散式的履约和订单信息进行实时抓取与动态分析，显著提升了全链路预测的准确率和快件交付时效。此外，元宇宙的人工智能、模拟测试等技术也在汽车制造、自动驾驶行业得到了应用，通过优化信息流，实现了无线感应和智能决策。

元宇宙改变了传统的供应方式，重塑可持续发展模式。未来，当链群经济体不再受制于物理属性，可持续话题与虚拟现实、单个客体多场景交融将会有新的碰撞。针对当前可持续发展难题，元宇宙可以提供新的解决思路。以气候问题为例，当“可触摸”的实体产品转变为虚拟的数字产品时，传统链群经济体所倡导的“低开采，高利用，低排放”以支持并响应减缓全球变暖的政策是否还能适用？当企业身处于一个以“数据、代码、模型”作为底层构建框架的虚拟社会，对于数据隐私、数据安全、用户平等等问题的讨论将如何定义和重构?

人们渴望知道互联网后的下一个时代应该如何被定义，目前，元宇宙提供了一个模糊的未来方向，且正在塑造一种强有力的社会共识。在这个前所未有的大变革之际，人们有理由相信，重塑企业下一个十年、重塑链群经济体新格局的时代已经来临。

2. 区块链，促进链接高质量发展

“区块链”，这是一个近年来在商业和科技领域经常听到的词，有效且无形地贯通着数字经济。

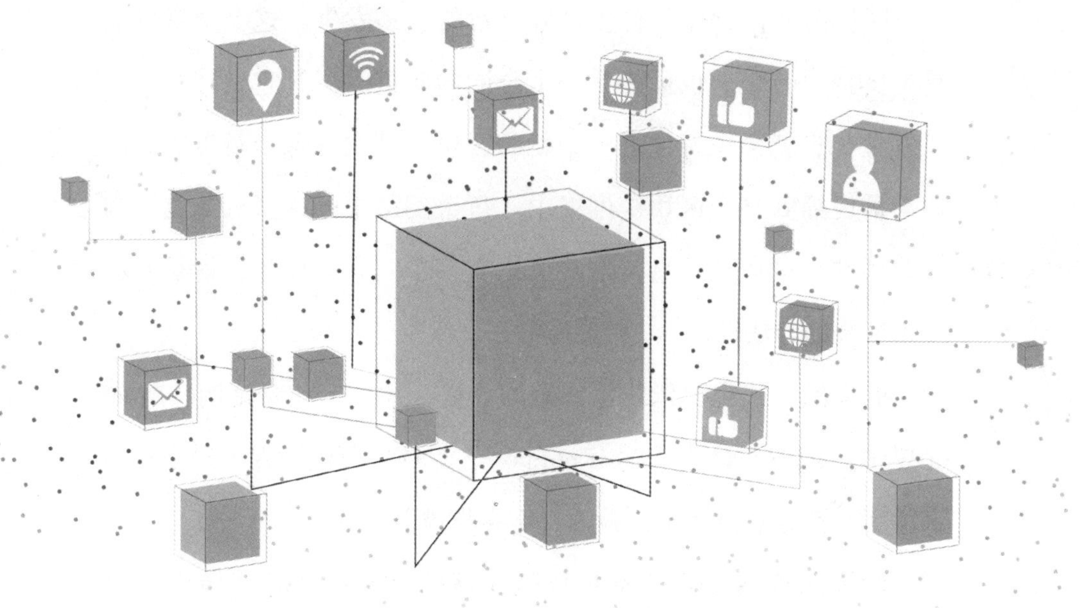

∝ 链接力 ∞

“区块”与“链”，是区块链的基本构成。这两个词恰如其分地描绘了区块链的形态。每一个区块，就好比一个数据的容器，其内部储存了一定数量的交易记录。可以把它想象成是一本账簿，记录了所有的交易信息。而这些区块并非孤立存在，它们通过密码学的方式链接在一起，形成了一条长链。就像一列火车，每个区块是一节车厢，它们被牢固地链接在一起。不同的是，这种链接是通过密码学的方法实现的，每一个区块都包含了前一个区块的哈希值（一种密码学算法的产物），使得整个链条形成了一种不可篡改、不可逆的数据结构。

简单来说，区块链就是一个公开、透明、不可篡改的分布式数据库，它可以记录任何有价值的信息，比如货币交易、资产所有权、商业合同等。

区块链如何运作？首先，应有新的交易发生。这个交易可能是一次货币转账，也可能是一个合同的签订。不管它是什么，一旦发生，它就会被打包进一个新的区块。其次，这个新生成的区块会被广播到整个区块链网络中。每个网络中的计算机节点，都会收到这个区块的信息。这些节点有一个共同的任务，就是验证这个区块的合法性。

验证的方式主要依赖于特定的算法，比如工作量证明（Proof of Work）或权益证明（Proof of Stake）。这些算法确保了每个新加入的区块都是经过严格检验的，不容易被恶意篡改。

验证区块的过程并不是一蹴而就的，它需要各个节点达成一致的共识。只有当大部分节点都认可这个区块的合法性时，才会被纳入区块链之中。这个过程叫作共识机制（Consensus Mechanism），它是保证区块链安全、可靠的关键。

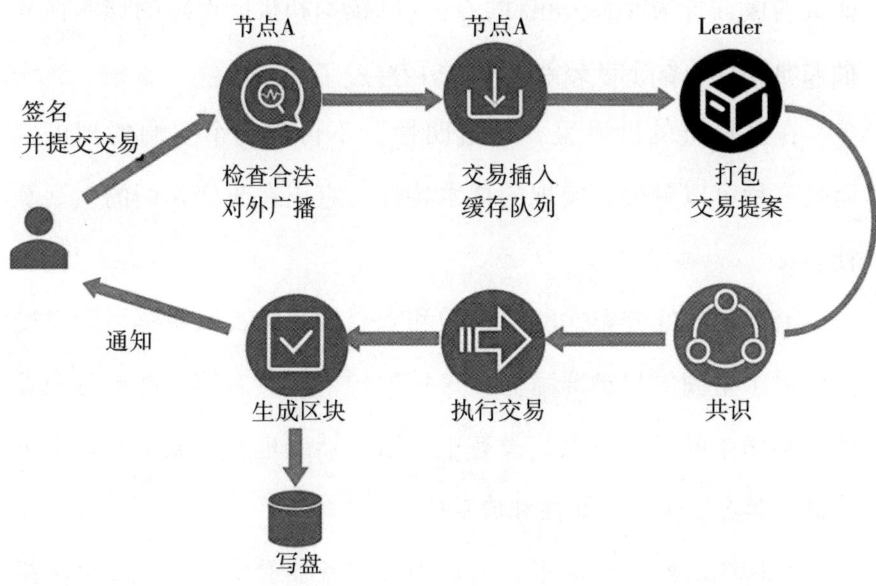

通过这个流程，每一笔交易都会被永久地、不可篡改地记录在区块链中，这就是区块链的运作方式。

区块链具有透明性、安全性、高效性、不可篡改性的优势。

在这个开放的系统中，每个参与节点都保有一份完整的交易历史记录，这就是公开账本。无论何时何地，任何参与者都可以通过它查阅和验证每一笔交易。在这个公开、公平的环境中，所有的数据和信息流动都变得如此透明，使得任何一笔交易都无法被篡改或伪造，任何一次欺骗行为都无处可藏。

正因如此，区块链的透明特性打破了传统的信任模式，降低了交易双方的信息不对称，减少了交易成本。而这样的透明度并非单方面的公开，而是建立在区块链的去中心化和对等网络的基础之上，每一笔交易都必须经过网络中大部分节点的确认和验证，确保其合法性和公正性。这种以技术和机制保障的透明性，极大地提高了系统的安全性和公信力。

在区块链的世界里，“透明性”不再是一个空洞的词汇，而是一种可以触摸、实现的技术特性，它正在改变人们的生活和社会。

借助独特的分布式网络结构和密码学基础，区块链为数据交换提供了坚固的保护屏障。在这种架构下，所有信息都被分散存储在网络中的各个节点，没有中央服务器或单一数据中心，大大降低了黑客攻击的可能性和成功率。

在传统的网络结构中，一旦中心服务器遭受攻击，整个网络的数据安全就会受到威胁。但在区块链中，每个节点都有一份完整的数据副本，攻击者要想篡改区块链上的信息，就必须同时攻击超过半数的节点，这在实际操作中几乎不可能实现，因为这需要巨大的计算资源和时间。

区块链利用密码学技术确保了数据的安全性。每一笔交易都被加密，只有持有相应密钥的人才能访问。同时，区块链的不可篡改性也进一步增强了其安全性。一旦数据被添加到区块链上，就无法被修改或删除。这一特性使得区块链成为存储重要信息、进行重要交易的理想选择。

区块链的安全性优势不仅体现为能有效防止数据被篡改或泄露，更体现为对整个系统安全性的维护。在一个越来越依赖数字化的世界里，区块链提供了一种新的、更安全的信息管理和交易方式。

在传统的交易中，通常需要通过银行或其他金融机构作为中介进行验证和处理，但这不仅耗时，而且可能会产生额外的费用。区块链技术通过去中心化的方式，让交易能够在参与者之间直接进行，从而极大地提高了交易的效率。

在区块链网络中，当一笔交易发生时，它会被打包成一个“区块”，并被发送到网络中的所有节点进行验证。一旦大多数节点达成共识，认为这笔交易有效，那么这个区块就会被添加到

区块链上，交易便完成了。整个过程不需要任何第三方参与，大大提高了处理速度，降低了交易成本。

由于区块链网络可以全天候运行，不受任何地理位置或时间限制，因此，无论在何时何地，只要有互联网，用户就可以进行交易，这在一定程度上提升了交易的便捷性。

虽然区块链技术能大幅提高交易效率，但同时也面临着扩展性的问题。随着网络规模的扩大，处理交易的能力能否跟得上，是区块链技术需要面对的重要挑战。然而，对于这个问题，学术界和工业界已经在积极地进行研究与探索。有理由相信，随着技术的进步，区块链的效率将得到更大的提高。

在区块链中，所有交易记录一旦写入，将无法被修改或删除。这种特性在保护数据的完整性和真实性方面具有非常重要的价值。区块链的这一特性，得益于其独特的数据结构和密码学原理。在区块链中，新生成的区块会包含前一个区块的哈希值，形成一种链式结构。由于哈希函数的特性，即便是微小的数据变动也会导致哈希值的巨大变化。因此，如果试图修改已经写入区块链的数据，不仅需要修改目标区块，还需要修改其后所有区块，以保持数据的连贯性。然而，在一个分布式的区块链网络中，这几乎是不可能完成的任务。

区块链的不可篡改性为其在保证数据的真实性和完整性上提供了强大的保障，使得它在许多应用场景中都展现出了独特的价值。

区块链是风口，也是未来。区块链已经展现出了其强大的潜力，区块链技术正与公共服务、实体经济等领域深度融合。全球区块链应用范围从金融领域逐步向外延展，在供应链管理、身份验证、公共服务等领域加速落地。

金融领域无疑是区块链应用最广泛，也是最被人所熟知的领域。

一方面，区块链的去中心化特性，使得金融交易无须通过银行等第三方机构，用户可以直接进行交易，大大提高了交易效率，降低了交易成本。另一方面，区块链的不可篡改性，为防止欺诈交易、确保交易的公平公正提供了有力保障。如今，更多的金融机构开始积极探索和实践区块链技术，用于解决传统金融领域的一些痛点问题。例如，已经可以看到区块链在跨境支付、证券交易、保险理赔等业务中的应用。这些应用不仅可以帮助金融机构降低运营成本，提高服务效率，通过引入智能合约等技术，还可以提供更多增值服务，如自动执行合约等。

未来，随着区块链技术的不断发展和成熟，有理由相信，它将在金融领域发挥出更大的价值。

供应链管理是一个复杂的过程，它涉及产品从生产、运输、仓储，到最终送达消费者手中的每一个环节。在这个过程中，信息的透明度和准确性至关重要。然而，在传统的供应链管理过程中，由于信息的不对称、产品来源的不透明，使得供应链管理面临诸多挑战，如假冒伪劣产品的出现、商品安全问题频发等。

在这种情况下，区块链技术的出现为解决供应链管理的问题提供了一种全新的解决方案。区块链技术最核心的特性——去中心化和不可篡改，使得所有参与者可以在同一平台上查看和验证交易信息，大大提高了信息的透明度和可信度。

利用区块链技术，我们可以追踪产品的全生命周期，从原材料采购到生产加工，再到物流运输，直到最终的销售环节。每一笔交易的信息都会被记录在区块链上，任何人都无法篡改。这样，无论是消费者、零售商，还是制造商，都可以查看产品的完整历史，了解产品的真实情况。这不仅有助于消除假冒伪劣产品、保障消费者的权益，也有助于企业提高品牌声誉，赢得消费者的信任。

目前，已经有一些企业开始尝试使用区块链技术进行供应链管理。比如，全球知名咖啡连锁品牌星巴克就联合微软，利用区块链技术，让消费者可以追踪咖啡豆的来源、了解咖啡豆的生产和运输过程。区块链技术在供应链管理中的应用，有望为人们带来更加安全、透明的商品交易环境。

区块链能提供一个公开透明、可验证且不可篡改的数据平台，使得信息交换更加公正、透明，降低了公共服务领域中的欺诈和腐败现象。例如，将区块链技术应用于身份验证。在现代社会，个人信息安全问题越来越受到重视。而区块链技术的去中心化和加密特性，可以确保个人信息的安全，防止信息的泄露和滥用。一些国家已经开始尝试使用区块链技术进行身份验证。区块链技术在公共服务领域的应用有着广阔的前景，相信它能够带来更加安全、透明、高效的公共服务体系。

区块链，链接了信任。区块链技术最大的特点在于，促进了社会的“信任”，或者说“互信”。人们从信任亲人、朋友、熟人，到区块链技术让人们信任数据、算法、模型，本质上，是让人们更加信任科学。在传统交易中，人们多依赖第三方机构来确保交易的公平性和安全性，比如在互联网购物中的支付系统。但在区块链的世界里，这种信任是通过技术来实现的。由于数据是分布式存储在多个节点上，且每次交易都需要得到其他节点的验证，因此使得区块链上的数据具有极高的可信度，这种信任机制大大降低了出现欺诈和错误的风险。

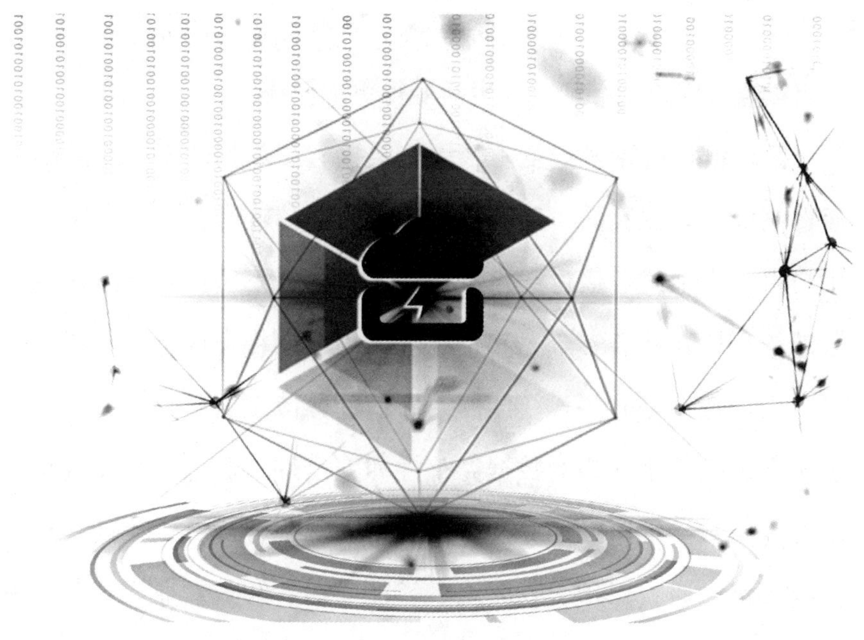

∝ 链接力 ∞

区块链，链接了价值。如果说土地和劳动力是农业的关键要素，资本和技术是工业的关键要素，那么毫不夸张地说，区块链技术则是数字政府、数字社会，特别是数字经济的关键要素。区块链技术的去中心化、分布式存储、可追溯、不可篡改、公开透明等特点，正在发挥越来越重要的社会和市场价值。区块链技术可以消除众多中介环节，降低交易成本，使得各种价值交换更加便捷和快速。

区块链，链接了生活。区块链技术正在走进百姓的生活，应用场景包罗万象。比如重庆市渝中区开发的智慧电梯云平台，将电梯运行数据、档案数据、风险数据、故障数据、困人救援数据、维保数据等上链存证，探索出“智慧监管+保险+服务”运行模式，累计管理电梯上万部，未发生安全事故。目前，这样的应用场景已达几十个。此外，户口本、驾驶证、结婚证等各种证件都可以通过区块链存证，让生活变得更加便捷。

区块链，链接了安全。区块链链接起了数据的安全与隐私。通过高级的加密算法，区块链确保了数据传输和存储的安全性，用户可以更加放心地将数据放在区块链上，不用担心数据被滥用或泄露。这在社会安全尤其是社会治理方面将发挥重要作用。同时，由于数据是分布式存储的，即使部分节点遭到攻击或损坏，也不会影响整个网络的数据完整性和安全性。此外，区块链在跨境支付、数字货币、证券发行和交易、保险合同、供应链管理、医疗保健、版权保护、物联网、智能家居、智慧农业、共享经济等方面有丰富的应用场景。

区块链大有可为。经过近年来的发展，区块链技术创新增强，基础设施不断完善、产业生态更加完整、应用场景越来越丰富，综合竞争力处于全国第一方阵。未来，区块链技术对促进高质量发展方面将产生深远影响。

要让区块链更好赋能经济社会发展，还需要在以下五个方面下功夫。①加强科创链。虽然在区块链技术方面取得了一定的进展，也有了一定的科技实力，但还要不断强链。②补充生态链。③完善政策链。区块链领域的法律法规建设还相对滞后，缺乏对区块链产业的规范和引导。政策和法规问题仍是制约区块链大规模应用的关键因素。如何确保区块链技术的安全、高效和合规

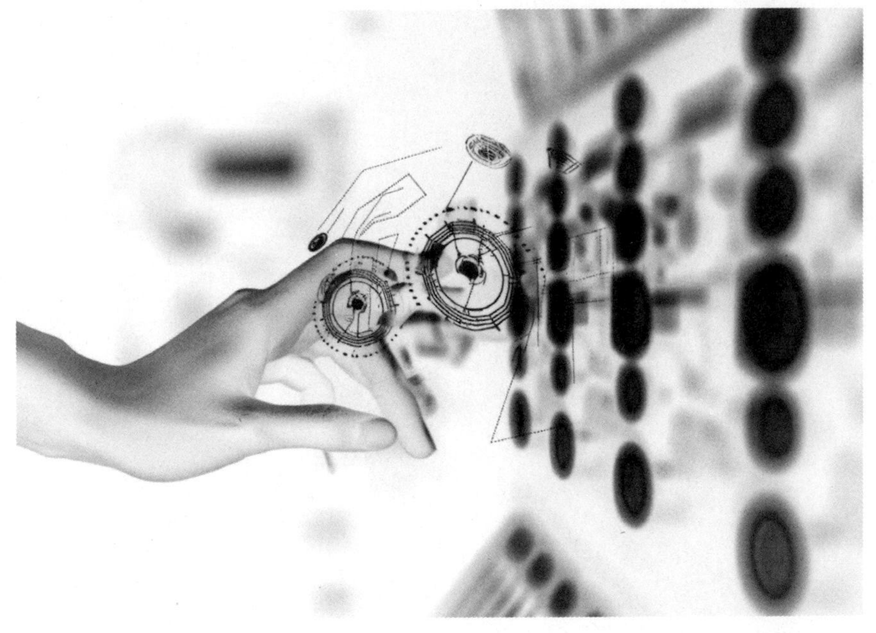

性，仍是需要深入研究和探讨解决的问题。④提升人才链。区块链是一门技术密集型的产业，需要大量的高素质人才。⑤壮大产业链。区块链是大产业，要抓住两个“东风”，一个是国家数据要素，另一个是Web3.0（运行在区块链技术上的去中心化互联网）。要聚焦特色产业，抓住两个重点，一是智能制造，二是数字机遇，不断壮大区块链产业。区块链作为一种可以彻底改变人们生活和工作的技术，它的潜力只会越来越大。

二、统一大链接

随着中国经济不断增长，为了面对复杂的国际局势，2020年4月10日，在中央财经委员会第七次会议上，习近平总书记指出："国内循环越顺畅，越能形成对全球资源要素的引力场，越有利于构建以国内大循环为主体、国内国际双循环相互促进的新发展格局，越有利于形成参与国际竞争和合作新优势。"5月14日，中共中央政治局常委会会议首次提出"深化供给侧结构性改革，充分发挥我国超大规模市场优势和内需潜力，构建国内国际双循环相互促进的新发展格局"。之后，新发展格局在多次重要会议中被提及。国内循环和国际循环是辩证统一的关系，两者相互影响、相互交融、相互促进、相得益彰，犹如两个紧紧咬合的齿轮。一方面，国内循环要深度融入国际循环当中，但又能够保持一定的独立性；另一方面，国际循环包含国内循环，为国内循环向更高水平发展提供动力和支撑。而建设全国统一大市场是构建新发展格局的基础支撑和内在要求，要坚持问题导向、立破并举，建立全国各要素的超级链接力。

1. 重构链接，形成国内国际双循环

循环就要打通与重构链接。从长期大势把握当前形势，要求我们牢牢把握扩大内需这一战略基点，加快构建以国内大循环为主体、国内国际双循环相互促进的新发展格局。实施改革开放后，我国利用劳动力成本优势，积极参与国际分工与国际经济大循环，市场和资源“两头在外、大进大出”，通过产业不断升级提高在全球价值链中的位置，逐步成长为“世界工厂”。在外部环境发生深刻复杂变化的背景下，加快构建以国内大循环为主体、国内国际双循环相互促进的新发展格局，是在世界中谋求我国发展的大战略，是适应内外环境变化的重大战略调整。“以国内大循环为主体”，就是要发挥我国超大规模市场的潜力和优势，利用我国具有全球最完整、规模最大的工业体系、强大的生产能力、完善的配套能力的特点，把发展的立足点更多放到国内，实施扩大内需战略，更好地利用国际国内两个市场、两种资源，培育新形势下我国参与国际合作和竞争的新优势，为我国经济的发展增添新动力。

2. 因“链”施策，助力形成新发展格局

加快构建以国内大循环为主体、国内国际双循环相互促进的新发展格局，关键是要将我国市场规模和生产体系优势转化为

参与国际合作和竞争的新优势。这就要求发挥超大规模市场优势，加快收入分配制度改革，挖掘国内市场需求潜力，加快构建完整的内需体系；发挥巨量生产要素优势，深化要素市场化配置改革，打通生产、分配、流通、消费各个环节，提高国内大循环的效率；发挥海量创新资源优势，深化科技体制改革，加强关键核心技术攻关，提高产业基础能力和产业链现代化水平，形成更多新的增长点、增长极，打造未来发展新优势；发挥对外贸易大国优势，发展高水平开放型经济，促进内外市场和规则对接，创造供应链生态，形成国内国际双循环相互促进的新发展格局。总之，新发展格局有利于我国需求结构升级和供给能力提升，推动供需在更高层次、更高水平上实现动态均衡，增强高质量发展的内生动力。

产业链和供应链是构建国内国际双循环的核心。脱离产业链和供应链来谈国内国际双循环，就如同无本之木、无源之水，它们是链接国内国际双循环的纽带，是推动国内国际双循环相互促进的重要力量。从维护产业链供应链稳定到构建以国内大循环为主体、国内国际双循环相互促进的新发展格局，反映了中央对我国经济社会的认识不断深化。

要打造合作共赢的产业链和供应链。把握全球产业链和供应链重构的趋势，顺势而为，因“链”施策，多维度构建合作紧密的产业链和供应链网络。链接之后，可以形成高质量的规模经济，发挥规模经济的优势。要在努力打通国际循环的同时，进一步畅通国内循环，提升经济发展的自主性、可持续性，增强韧性，保持经济平稳健康发展。

3. 全面链接，建设全国统一大市场

2022年4月10日，《中共中央　国务院关于加快建设全国统一大市场的意见》发布，强调加快建立全国统一的市场制度规则，打破地方保护和市场分割，全面推动我国市场由大到强转变，为建设高标准市场体系、构建高水平社会主义市场经济体制提供坚强支撑。

全国统一大市场指的是在全国市场形成规则统一、竞争充分、高度开放、运行有序的基本格局，具有规模巨大、结构完整、功能强大、机制灵活和环境优化等内在性质，可以依托它顺利地实现国内外经济循环和扩大再生产。

全国统一大市场通过强化市场基础制度规则统一、推进市场设施高标准联通等方面实现全面链接。强化市场基础制度规则统一包括完善统一的产权保护制度、实行统一的市场准入制度、维护统一的公平竞争制度、健全统一的社会信用制度。推进市场设施高标准联通包括建设现代流通网络、完善市场信息交互渠道、推动交易平台优化升级。一系列措施共同促进了全国统一大市场的全面链接，增强了市场的整体功能和竞争力。

疆域广阔、人口众多是形成全国统一大市场的必要条件，真

正形成超大规模市场，还必须具备人均收入不断增长并达到一定阈值等条件。结构完整，是指市场的门类齐全，不仅要有完善的商品市场，更重要的是有要素市场，由此实现资源、商品和要素的最优联动配置。功能强大，是指市场不仅具有高效率的信号传递功能，还要有引导资源有效配置的激励功能，以及有利于社会稳健发展的收入分配调节功能。机制灵活，是指市场价格机制和供求机制可以实现双向调节，不仅能准确地反映和灵活地调节供求关系，供求关系也可以反过来反映和调节价格。环境优化，是指市场能够最大限度地为企业降低各种制度性和非制度性交易成本，提高企业国际竞争力。

中国建设具有统一性、开放性、竞争性和有序性特征的全国统一大市场，其作用主要体现为重塑大国竞争优势。构建新发展格局的前提和基础条件，就是要建立全国统一大市场，充分发掘内、外两个大市场规模经济效益的潜力，推动以利用他国市场为特征的“客场”经济全球化模式，转变为以利用内需为主的“主场”经济全球化模式，使生产、分配、流通、消费各环节更多依托国内市场，实现高水平自立自强，成为经济长期增长的重要动力。

我们具备实现内部大循环、促进内外双循环的诸多条件，必须利用好大国经济纵深广阔的优势，充分发挥规模效应和集聚效应。市场是全球稀缺资源，我们构建新发展格局和扩大内需，可以释放巨大而持久的动能，推动全球经济稳步复苏和增长。建设全国统一大市场正是以国家安全为目标，为了中国的生存和发展选择的战略突围方案。

三、全球一体化

随着经济的高速发展，互联网等技术的不断进步，人类的链接能力达到了前所未有的新高度，全球联系不断增强，人类出行和交流已经非常便捷，地球仿佛变成了一个村落。世界格局正处在一个加快演变的历史性进程之中，国与国之间在政治、经济、贸易上互相链接和依存，全球已经成为一个整体。和平、发展、进步的阳光足以穿透战争、贫穷、落后的阴霾，经济全球化、社会信息化极大解放和发展了社会生产力，创造了前所未有的发展机遇；同时，恐怖主义、局部战争、金融动荡、环境危机等问题愈加突出，给我们带来前所未有的挑战。

1. 全球化需要新的链接力

当今世界正发生复杂深刻的变化，国际金融危机深层次影响继续显现，世界经济缓慢复苏、发展分化，国际投资贸易格局和多边投资贸易规则酝酿深刻调整，各国面临的发展问题依然严峻。没有哪个国家可以置身事外、独善其身，世界各国需要以负责任的精神同舟共济、协调行动。面对全球性挑战，全球化需要新的链接力。

全球治理体系和国际秩序变革加速推进，各国相互联系和依存日益加深，和平发展大势不可逆转。随着经济实力的增强和国际影响力的提升，中国在经济金融领域、文化政治格局中担负起了相互链接的重要责任。

（1）中国制造链接世界。中国制造享誉全球，链接和贯通世界经济，成为世界经济的发动机和新引擎。

自加入世界贸易组织（WTO）以来中国经济飞速增长。国内生产总值（GDP）从2001年的9.5万亿元人民币增至2023年的超过126万亿元人民币，GDP年均增长率保持在10%左右，稳居世界第二大经济体。中国的经济总量占全世界比重从2001年的4%增长到2023年的16.9%。与此同时，中国的对外投资也在迅速增长。2023年，中国对外直接投资流量达到1772.9亿美元，较上一年增长8.7%，占全球份额的11.4%，连续12年位居全球前三，连续8年占全球份额超过一成。

中国经济为世界经济提供重要驱动力。在世界进入变革期、全球经济增长动能不足的大背景下，2023年中国经济增量超过6万亿元。国际货币基金组织的研究表明，中国经济增长对世界其他地区产生积极的溢出效应，每增长1个百分点将使其他经济体的产出水平平均提高0.3个百分点，对世界经济增长的贡献显著。国际金融论坛报告显示，2023年中国经济对全球经济增长贡献率达32%，是世界经济增长的最大引擎。

依托中国经济的快速增长，中国制造的规模已跃居世界前列，成为全球制造业的重要组成。中国拥有41个工业大类，207个中类，666个小类，是唯一拥有联合国产业分类中全部工业门类的国家。制造业增加值占全球比重约30%，连续14年居世界首位，已经形成200多个成熟的产业集群。得益于完备的工业体系，中国迅速崛起为全球制造业的中心。2020年，中国的工业制品出口额达到24751.46亿美元，占出口总额的95.5%。根据世界银行的数据，中国制造业增加值自2010年首次超过美国，稳居世界首位。然而，中国并未停滞于国际产业链的低端位置，而是通过持续的技术革新和产业结构升级，逐步提升了在全球产业链中的地位，当前新能源汽车、智能手机等重点产业技术水平已进入世界前列，实现了从“世界工厂”向“创新中心”的转变。在5G新兴产业方面，华为等中国品牌已占据全球重要市场份额，并展现出强劲的增长势头。根据工业和信息化部统计，截至2024年9月，中国5G基站总数达到408.9万个，约占全球总量的70%，5G移动电话用户达8.89亿，在全球5G用户数占比52%。这些都是中国制造规模和质量提升的明证。

中国制造规模和质量的提升还带动了中国产品与世界的链接日益紧密，成为推动全球贸易的重要力量。2023年，中国货物贸易进出口总额达5.9万亿美元，占世界比重升至12.4%，连续7年稳居全球货物贸易第一大国的地位。随着中国产业从“世界工厂”向“创新中心”的转变，中国产品也从“中国制造”转变为“中国智造”，中国外贸“新三样”产品出口备受瞩目。2023年底，中国电动载人汽车、锂离子蓄电池和太阳能电池合计出口1.06万亿元，首次突破万亿元大关，同比增长29.9%。据英国《卫报》报道，2024年10月，中国在全球新能源汽车市场的份额达到76%，持续主导着全球新能源汽车市场。依托产供链配套集成优势，中国的各类优质产品链接“世界货架”，深受国际市场欢迎，世界经济需要中国制造。

（2）**中国文化交融世界。**文明的繁盛、人类的进步，离不开求同存异、开放包容，离不开文明交流、互学互鉴。历史呼唤着人类文明同放异彩，不同文明应该和谐共生、相得益彰，共同为人类发展提供精神力量。中国文化彰显中国智慧，以其独特的链接力在世界舞台上展现魅力。

中国文化具有链接的强度。在长久的历史传承发展中，中国文化始终能够紧密连接，保持自我主体，在经历文化冲击与交融时始终保持鲜明的文化特性。春节作为中国传统节日，其历史可追溯至商朝，迄今已有3000余年，承载着丰富的文化内涵和民族情感。2024年12月4日，联合国教科文组织正式将春节列入人类非物质文化遗产代表作名录。中国文化能够历久弥新、代代传承，表现了其强大的链接强度。主要表现有以下两点。

一是中国文化的传承不绝。中华文明是世界上唯一绵延不断并以国家形态发展至今的伟大文明，从黄河文明起源，历经秦汉的统一、唐宋的兴盛，到明清的转变，文明传承始终连贯。据

《春秋公羊传》记载，西周时期就有了“大一统”的说法，中国统一的政治体制至少维持了4000年，这种文明的连贯性为文化传承至今奠定了坚实的基础。

二是中国文化的交融统一。中国文化历经5000年求同存异、开放包容的演变进程，由多元文化汇聚成共同文化，中国人形成了“向内凝聚”的文化统一性，使中国文化在历史的长河中绵延不绝。

中国文化具有链接的高度。从古代神话到科幻小说所体现的文化发展，中国文化都展现了链接的高度。古代神话作为人类文化的关键组成部分，承载着民族历史记忆与精神追求，是文化高度展现的重要维度。中国古代神话蕴含深厚的文化底蕴与独特的世界观，与其他神话体系所体现的精神追求存在显著差异。当希腊、北欧等神话体系还在颂扬英雄事迹、崇拜神权神力之时，中国神话既承载着忠诚、孝顺与仁爱等价值观，还涵盖了对宇宙和生命的理解以及“天人合一”“和谐共处”等哲学思想。盘古神话中，盘古死后身体各部位化为万物，这种将人与自然视为一体的观念，与现代生态学中强调的人与自然和谐共生的理念不谋而合。这些都体现了中国文化链接具有相当高的维度。

中国科幻小说继承了中国古代神话的文化高度。刘慈欣所著的《三体》系列小说作为中国科幻文学的里程碑式作品，2015年，《三体》获得了第73届雨果奖最佳长篇故事奖，这是亚洲人首次获得该奖项，标志着中国科幻小说在国际上的重大突破。

在日本亚马逊网站上，日文版《三体》位列文艺作品榜单第一。《三体》的成功，在于它不仅仅是一部科幻小说，而是站在了人类与文明的高度。书中提到的“黑暗森林法则”等概念，体现了深刻的宇宙哲学思考，将中国文化的独特视角带入了全球科幻文学的舞台。

中国文化具有链接的深度。中国文化链接的深度在世界文明中具有无可比拟的独特性，尤其体现在汉字的深邃内涵上。在2023年10月19日开幕的2023中国（安阳）国际汉字大会中，来自40多个国家和地区的380余名嘉宾出席了大会开幕式。这表明汉字不仅在中国，还在世界范围内有着广泛的影响力和使用群体。汉字是中华民族的根，是中华文化的魂。汉字作为中华优秀传统文化的关键载体，是世界上最古老的文字体系之一。在联合国官方使用的五种工作语言中，汉字的信息密度最高，其信息熵显著超越其他语言文字，这一特性赋予了汉字在阅读过程中的显著优势。汉字书法艺术的笔墨变化、结构布局和节奏韵律，都蕴含着书写者的思想境界和精神追求，以至于中国有一句古话“见字如见人”，这样的文化深度是其他任何文字都难以企及的。2008年北京奥运会开幕式上通过活字印刷技术展现的三种不同书法字体的“和”字，仅一字就蕴含了“和谐”“和平”“和睦”等多重意义和美好愿景，当年还被选为“最中国”的汉字，不但体现了中国开放包容、和谐共生的思想理念，更彰显了汉字作为文化符号具有无法比拟的深度和丰富内涵。

中国文化的深度，还体现在其丰富的人生哲理和社会理念中。从先秦诸子百家争鸣到宋明理学的发展，中国哲学始终以其深邃的思考和独特的见解，引领着人类对宇宙、社会和人生的探索。儒家思想作为中国文化的重要基石，其影响力不言而喻。孔子提出的“仁、义、礼、智、信”等理念，强调人与人之间的和谐关系，以及个人的道德修养和社会责任感，在现代社会世界范围内依然具有重要的启示意义。梁启超说东西方文明的关键区别是中国“重礼治”，西方“重法治”。

道家老子提出的“道可道，非常道；名可名，非常名”，以简洁的语言表达了宇宙万物的根本规律。此外，道家思想中的辩证法思想，如“祸兮，福之所倚，福兮，祸之所伏”，也体现了中国哲学独特的智慧。道家哲学中的“无为而治”“顺应自然”等理念，对西方的生态哲学和现代管理学等各方面产生了深远的影响，美国学者弗里乔夫·卡普拉在其著作《转折点》中，就引用了道家思想来阐述系统思考的重要性。除此之外，佛教、墨家、法家等学派的思想也对中国文化产生了重要影响。这些哲学思想相互交融，共同构成了中国文化极具思想深度的哲学体系。

中国文化具有链接的广度。中国文化链接具有广泛吸收并融合其他民族文化元素的特质，进而形成多元一体文化格局的特质。中国文化对世界文化的求同存异、兼收并蓄，极大地丰富了中国文化的内涵。“求同”是客观现实的要求。随着人类社会的发展，各国的交流日益频繁。科学技术的迅猛发展、经济全球化的日益深入，形成了事实上的“地球村”，各国形成了“你中有我、我中有你”的格局。我们生活的世界充满希望，也充满挑战。面对全球的重大问题、重大挑战，尽管世界各国有不同的观点，但我们都生活在同一片蓝天下、拥有同一个家园，需要相互理解、相互包容，共同解决人类发展的难题，共享人类文明进步的成果，开放包容奠定了人类共同进步的基础。

中国文化的链接力对亚洲乃至全球文化产生了积极的影响，这种跨文化的交互作用在全球化进程中愈发显著。根据文化和旅游部发布的数据，2023年全年全国群众文化机构共组织开展各类文化活动412万场，同比增长53.5%，服务183537万人次，同比增长91.6%。中国对外文化交流项目频繁，遍布全球，显示出中国文化链接的广度，其独特魅力和深厚底蕴吸引了全球的关注。

在当前全球化背景下，中国文化展现出更加开放的姿态，凭借其深厚的文化底蕴和智慧精髓，为国际社会治理及国际问题处理提供了新的启示和思路。中国将始终不渝走和平发展道路，更好把国内发展与对外开放统一起来，把中国发展与世界发展联系起来，把中国人民利益同各国人民共同利益结合起来，不断扩大同各国的互利合作，为推进全球化提供新的链接力，以更加积极的姿态参与国际事务，共同应对全球性挑战，努力为全球发展作出新贡献。

2. 链接力重塑经济新格局

在当前全球范围内，在链接力的推动作用下世界正在经历一场前所未有的、深远的变革。这场变革触及了经济格局的重塑、科技创新的迅猛发展以及全球治理体系结构的转型等多个层面。链接力正在以一种前所未有的方式，重塑经济新格局。在这一过程中，变化最为显著、影响最为直接的，莫过于全球产业链的变革。

（1）变局：产业链的演变与挑战。全球产业转移是指由于经济、技术、资源等因素的变化，某一产业从一个国家或地区转移到另一个国家或地区的现象。这是一个复杂且动态演变的过程，这一过程不仅影响了各国的经济发展，还深刻改变了全球产业结构和国际经济格局。

在全球产业链形成与发展的过程中，大致可分为五次大的产业转移。

第一次产业转移（19世纪末至20世纪初）：产业转移主要发生在英国至美国及其他欧洲国家之间。作为第一次工业革命的发源地，英国在产业容量达到饱和状态及成本上升的背景下，开始向美国及其他欧洲国家输出工业产品、技术、人才及资本。这一过程促进了美国的崛起，使其成为新兴的工业大国，并为其后续发展奠定了坚实基础。

第二次产业转移（第二次世界大战后至20世纪60年代）：主

要由美国向日本和德国转移。美国在第二次世界大战后引领了第三次科技革命，并对产业结构进行了调整，将钢铁、纺织等资源与劳动力密集型产业转移到日本和德国。这一转移为日本和德国的经济重建提供了动力，使其迅速崛起成为新的世界经济强国。

第三次产业转移（20世纪60至70年代）：主要由日本和德国向“亚洲四小龙”（韩国、中国台湾、中国香港和新加坡）转移。随着日本和德国产业结构的优化升级，它们将轻工业、纺织业等劳动密集型产业转移到“亚洲四小龙”，从而推动了这些地区经济的快速增长。

第四次产业转移（20世纪80年代至2012年）：主要从发达国家和地区向中国转移。在此期间，中国充分利用庞大的劳动力资源优势，以及不断优化的投资环境，吸引了全球众多制造业企业，迅速成长为新的全球制造业中心。随着劳动力成本的上升以及产业结构的优化，中国开始逐步向技术密集型和资本密集型产业转型，直接推动了第五次产业转移的发生。

第五次产业转移（2012年至今）：与前四次单方向地由发达国家向发展中国家转移不同，本次产业转移呈现双向流动的趋势。一方面，劳动密集型产业向中国中西部、东南亚及非洲等地区转移；另一方面，部分高技术企业和产业链高端环节向美国、欧洲等发达地区回流。这种双向流动的产业转移，不仅促进了全球资源配置的优化，推动了经济产业结构的转型升级，还加剧了各国间的合作与竞争。

当前全球产业链重构与中国紧密相连，深刻影响着中国的经济与宏观政策。这一重构既为中国带来挑战，也提供了机遇。作为全球产业转移史上首个拥有超过10亿人口并成为全球制造中心的国家，中国拥有在变革中实现产业结构升级的独特基础。在技术革新与产业升级的协同作用下，中国积极应对挑战，深化供给侧结构性改革，加快新旧动能转换，力求实现战略上的突破与升级。

（2）破局：产业链的战略突围。在全球产业链发生转移与重组以及全球经济一体化遭遇逆向潮流的背景下，全球产业链的安全与稳定性正面临着多重风险和挑战。产业链中任何一环的断裂均可能引发整个链条的效率下降乃至功能失效，其影响不只局限于本国经济领域，更可能对全球经济发展的稳定性造成干扰。因此，增强产业链的韧性和安全性已成为各国共同面临的严峻挑战和重要研究课题。

我国政府高度重视产业链供应链的安全与稳定。党的二十大报告明确提出，要“着力提升产业链供应链韧性和安全水平”，这是从全局和战略的高度作出的重大决策部署。确保产业链的稳定性和安全性，提升产业链的现代化水平，对于降低产业链中断和断裂的风险具有重要意义，同时为产业向全球价值链中高端迈进奠定了坚实的基础。

中国近些年积极支持产业的高质量发展，通过完善短板产业链、提升传统产业链、构建新兴产业链，产业发展稳定性与竞争力显著提升，产业链的韧性已达到全球领先水平。2023年11月6日，全球化智库（Center for China and Globalization，CCG）在第六届中国国际进口博览会暨虹桥国际经济论坛“提升全球产业链供应链韧性”分论坛上发布的《人才、创新与产业链韧性报告（2023）》指出，中国在制造业表现、产业总体情况、企业活力表现方面优势明显，在世界主要国家产业链韧性得分中位列第二。总体而言，中国产业链基础牢固，实力雄厚，面对整体的国际环境变化表现出了较强的韧性。然而，不得不提的是中国“中高技术制造业增加值占制造业增加价值的比重”和“中高端制造业出口占制造业总出口的比重”这两项指标排名分别为第22名、第15名，表明中国制造业在产业链上游仍有发展空间。

当前全球产业链转移逐渐呈现本地化、多元化、区域化发展的特点，鉴于部分高新技术企业和产业链高端环节向欧美等发达地区回流的总体趋势，想要补齐产业链上游的短板，逐步实现“市场换技术”向“技术换市场”的转变，中国必须切实转变经济增长方式，注重科技创新和自主开发，走自主可控、安全高效的高质量发展道路。

目前是中国全面建设社会主义现代化国家开局起步的关键时期，主要目标任务就是经济高质量发展取得新突破，科技自立自强能力显著提升，构建新发展格局和建设现代化经济体系取得重大进展。实现高质量发展，建设现代化产业体系，需要在产业基础、重大技术装备等领域有所突破。党的二十大报告更是单列一章，围绕构建高水平社会主义市场经济体制、建设现代化产业体系等五个方面，重点阐述高质量发展是全面建设社会主义现代化国家的首要任务。

在当前国际形势发生深刻变革的背景下，中国亟须通过自主创新技术的推进，在关键核心技术领域解决制约发展的瓶颈问题，以促进中国经济向全球价值链的中高端跃升，提升中国在全球产业链与供应链中的韧性和安全性，确保国家经济安全与发展利益。这一战略举措不仅是国家发展的必然要求，也是符合全球利益以及时代发展潮流的必然选择。

（3）开新局：新链接、新征程。随着全球化的深入发展，新兴产业的链接力驱动增长已成为重塑全球产业链的关键力量。以大数据、人工智能、物联网等为代表的新兴技术，正在深刻改变着传统产业链的运作模式。国家税务总局数据显示，2024年前三季度，中国高技术产业销售收入同比增长11.6%。其中，高技术服务业、高技术制造业同比分别增长13.7%和8.6%。数字经济核心产业销售收入同比增长7.7%。这些增长不仅代表技术的革新，也显示出产业链重构的趋势。随着在新兴产业领域的投资和研发活动日益活跃，经济发展已从高速增长阶段过渡至高质量发展阶段，新质生产力的形成和发展已成为重塑未来经济格局的关键力量。

新质生产力是创新起主导作用，摆脱传统经济增长方式、生产力发展路径，具有高科技、高效能、高质量特征，符合新发展理念的先进生产力质态。这个概念强调的是生产力的质变而非单纯的量的增长，它涉及技术、生产要素配置、产业结构等方面的深度变革。新质生产力成为新阶段激发新动能的重要力量，更充当了重塑全球新链接新格局的关键节点。

随着新质生产力的持续发展，低空经济与太空经济正逐渐成为重塑全球产业格局的新动能。低空经济，特别是无人机物流等领域的快速发展，预示着未来城市交通和物流配送将经历一场革命。据恒州博智（QYResearch）预测，至2030年，全球无人机配送市场规模将从当前水平激增至13.3亿美元，其间年复合增长率高达14.1%。这一数据揭示了无人机配送市场的巨大潜力，同时也彰显了其作为未来物流领域重要增长点的商业价值。自2022年中国民航局正式颁发全国首个支线物流无人机试运行批准函和经营许可以来，中国以其庞大的市场需求、先进的科技实力和积极的政策引导，成为这一领域的佼佼者。而在太空经济方面，随着SpaceX、Blue Origin等私营企业的崛起，太空探索项目发展迅速，商业航天活动日益频繁。2024年11月30日，中国首个商业航天发射场——海南商业航天发射场首次发射并取得圆满成功，提升了航天发射能力，也为民、商大规模低轨星座组网任务等空间基础设施工程建设，提供了强有力的发射保障。随着相关产业的发展，太空旅游、卫星互联网服务以及太空资源开采等新兴领域，正逐步从科幻走向现实。

加快培育和发展新质生产力，是以中国式现代化全面推进强国建设、民族复兴伟业的必然选择，有利于夯实全面建成社会主义现代化强国的物质技术基础；有利于满足人民日益增长的美好生活需要，不断提高人民群众的获得感、幸福感、安全感；有利于塑造国际合作和竞争新优势，建设更高水平开放型经济新体制。我们要加快培育和发展新质生产力，牢牢把握发展主动权，不断增强经济实力、科技实力、综合国力。

当今世界正处于新一轮科技革命和产业变革加速演化时期，生产能力及其要素也正处于一个量的积累到质的变化关键变革时期，也就是新质生产力形成的关键时期。在这个时期，把握新质生产力的形成规律，顺应新质生产力的发展趋势，加快培育新质生产力，既是掌握经济社会未来发展主动权的关键，也是百年未有之大变局下大国竞争的关键。

后 记

▼

《链接力》一书从构思到框架，从观点到内容，从行笔到成书，都得到了许多良师益友、热心会长的关心、支持和帮助。

在此，衷心感谢张成龙、王国芳、牛凤、万鹏、张倩、张颖、赵赟、康继云、焦鹏、苏金庆、刘振志、武鑫佺、李维、胡威、张杰、王园凯、李建军、祁森、马静娟、蒙岩、郭倩男等团队成员的辛勤付出以及家人们的长期陪伴，特别感谢天津融正印刷有限公司米克贫先生的印艺督导。

没有大家的倾注心血的全力付出，就没有《链接力》一书的完美呈现。

2024年12月26日